A Estrutura da Teoria Psicanalítica

Coleção Estudos
Dirigida por J. Guinsburg

Equipe de realização – Tradução: Mauro Hegenberg; Revisão de Texto: Leonidas Hegenberg; Produção: Plinio Martins Filho.

David Rapaport

A ESTRUTURA DA TEORIA PSICANALÍTICA

UMA TENTATIVA DE SISTEMATIZAÇÃO

EDITORA PERSPECTIVA S.A.
Av. Brigadeiro Luís Antônio, 3025
01401 – São Paulo – Brasil
Telefone: 288-8388
1982

Sumário

Advertência

Psychological issues é uma revista especializada, destinada aos estudiosos de psicologia, psiquiatria e campos correlatos. O Editor do periódico, George S. Klein, deliberou organizá-lo de modo a fazer com que os seus volumes consistissem em quatro monografias independentes – preparadas a convite do Conselho de Redação – cujo objetivo seria "divulgar questões psicológicas fundamentais" ou, ainda, colocar nas mãos de interessados "trabalhos que contivessem novas e penetrantes observações a respeito de fenômenos" atinentes à psicologia e áreas afins.

O sexto número da revista, distribuído em 1960, continha, precisamente, o presente ensaio de Rapaport, em que o Autor analisava a estrutura da teoria psicanalítica. O ensaio foi escrito em 1957 e tem, pois, mais de vinte anos. Vários aspectos da discussão teriam de ser modificados, se o estudo viesse a ser reescrito. Ainda assim, conserva, sob o prisma das discussões teoréticas, todo seu valor original – o que justifica a sua publicação em nosso idioma.

O tradutor fez o possível para respeitar o estilo do Autor, modificando a estrutura das frases, onde cabível, a bem da clareza e da simplicidade. Agradece a colaboração recebida de Leonidas Hegenberg, que o fez ingressar nos tortuosos meandros do trabalho de tradução.

M. H.

Nota de Tradução

O termo *drive* foi traduzido por "impulso", apesar de, por influência francesa, estar sendo traduzido cada vez mais por "pulsão". Às vezes o autor usa, de modo correto, o termo *instinct*, que foi traduzido por "instinto".

A palavra *affect* foi traduzida por "afeto" (segundo tradução do *Vocabulário da Psicanálise*, de Laplanche), embora em inglês essa palavra tenha, às vezes, significados diversos.

Os termos *psychological determinism, unconscious psychological process, unconscious psychological forces and conflicts, psychological energies* foram traduzidos (de acordo com a linguagem mais corrente) por "determinismo psíquico", "processos psíquicos inconscientes", "forças e conflitos psíquicos inconscientes" e "energias psíquicas", embora o mais correto fosse traduzir *psychological* por "psicológico".

A linguagem do autor é geralmente complicada. Entremeia inúmeras subfrases, em parágrafos extensos, para concluir um raciocínio. Fomos obrigados, em vários pontos, tendo em conta as dificuldades do original, a modificar a pontuação, para simplificar a compreensão do texto. Esperamos que a clareza de cada frase, seja a recompensa pelo árduo trabalho da tradução.

M. H.

Introdução

Este ensaio foi preparado após vários anos de estudo da teoria psicanalítica. Sua forma, porém, ficou determinada pelo propósito a que devia servir. A elaboração do trabalho deu-se entre 1954 e 1957. Sua publicação, contudo, demorou tanto que alguns de seus aspectos se viram superados por suposições de metapsicologia, que o Dr. Merton M. Gill e eu viemos desenvolvendo desde então (1959). O estudo foi escrito para fazer parte de uma série de volumes organizados pela American Psychological Association intitulada "Psychology: A Study of a Science": uma coletânea de obras a respeito das fontes sistemáticas da psicologia atual.

Por estas razões, cabe uma exposição das premissas que embasam nossa exposição:

1. Nem as obras de Freud nem as de outros psicanalistas fornecem uma exposição sistemática da teoria psicanalítica. Apesar disto, como as obras de Freud são a fonte da Psicanálise e fornecem o quadro de referência para sua abordagem sistemática, este ensaio assenta-se nessas obras.

2. Uma abordagem sistemática da teoria psicanalítica também deveria levar em conta outras contribuições que deram forma à teoria, tal como hoje se apresenta. Assim, este ensaio se apóia amplamente nos trabalhos de Hartmann e Erikson.

3. Exposição sistemática da teoria deveria estabelecer suas relações com teorias alternativas (neofreudianas) que dela se originaram. Mas uma tentativa inicial de sistematização, como a feita aqui, pode ignorar aquelas alternativas. Assim sendo, apenas mencionarei, e rapidamente, Adler, Jung, Rank, Horney, Kardiner e Sullivan.

4. A tentativa de sistematização deve permanecer tão próxima quanto possível das formulações existentes, e deve, também, interpretá-las. Este ensaio, portanto, faz ilações e julgamentos. Conseqüen-

temente, a teoria apresentada pode parecer pouco familiar aos leitores cujo contato com a Psicanálise foi superficial ou se manteve em nível exclusivamente clínico.

5. Exposição sistemática não necessita acompanhar o que foi enfatizado na leitura. Por isso, este ensaio limita-se a um exame superficial da teoria dos sintomas, do desenvolvimento psicossexual, da terapia (*e.g.* transferência e resistência), e se concentra principalmente no que Freud chamou de metapsicologia. Estabelece distinção entre o que pode ser chamado de teoria clínica, ou especial, e a teoria psicanalítica geral, ou psicológica.

6. Um dos propósitos da Associação Norte-Americana de Psicologia era o de obter relatórios acerca das diversas teorias, de maneira a facilitar estudos comparativos. Essa meta se reflete nos títulos das secções e subsecções do ensaio. A fim de preencher este requisito, julguei necessário fazer algumas onsiderações (*e.g.* a propósito de variáveis independentes, intervenientes e dependentes, e de quantificação) que não têm bases na literatura psicanalítica e que formam um quadro de referência algo distante do meu próprio pensamento.

7. O Dr. Koch, editor das monografias da série "Psychological Issues", sugeriu que cada Autor partisse do pressuposto de que o leitor já conhece formulações prévias da teoria, e insistisse sobretudo nas questões sistemáticas. Aquiescer com essa linha de ação tornou inevitável dar atenção aos aspectos sistematizadores. Todavia, a partir de escritos recentes de psicólogos, relativos à Psicanálise, fui compelido a concluir que nem todos conhecem a teoria psicológica da Psicanálise (contraposta à teoria psicanalítica das neuroses). As afinidades históricas – que têm um papel importante em todas as teorias não-sistemáticas – parecem particularmente pouco familiares. Assim, freqüentemente, julguei necessário resumir teorias e esboçar as relações históricas vigentes entre essas teorias. O resultado da minha tentativa de conciliar os citados objetivos conflitantes não foi muito bom. No início do ensaio, o leitor reconhecerá que tomo como assente a familiaridade com muitos conceitos e teorias; tornará a encontrá-los novamente, várias vezes, discutidos em pormenores, sempre com outras informações adicionais. A limitação do tempo – inevitável quando se organiza coletâneas como as que incluem o presente volume – não me permitiu melhor solução; ela é também responsável pela extensão do ensaio. Tivesse-o preparado em prazos que eu pudesse fixar, ele teria amadurecido por mais alguns anos e seria mais abrangente e firme quanto à estruturação de suas conexões lógicas.

Para mim é muito cedo para tentar uma sistematização da teoria psicanalítica. Uma ciência pode ser "boa ciência", mesmo sem estar pronta para receber uma apresentação sistemática: todas as velhas ciências estiveram um dia nesta situação. Se, apesar disto, aceitei escrever este ensaio, o fiz, em parte, pela insistência dos Drs. Gill, Hartmann, Holt e Koch, o coordenador do projeto, e, em parte, pelo desejo de preparar o caminho para uma adequada apresentação sistemática da Psicanálise.

A prematuridade dessa tentativa teve curiosas conseqüências. O ensaio apresenta diversas facetas da teoria (por exemplo: modelos, pontos de vista) que, embora estejam ligados por conceitos idênticos e por meio de referentes empíricos comuns, não estão sistematicamente inter-relacionadas. A mais clara indicação da prematuridade é a incerteza quanto a saber se fomos nós os incapazes de estabelecer conexões sistemáticas, ou se não há, de fato, possibilidade ou necessidade de fixar tais conexões.

Como a "Edição Padronizada", dos escritos freudianos, em inglês, ainda não foi concluída, as referências são à miscelânea de edições que usei através dos anos. Algumas delas contêm inexatidões corrigidas pela "Edição Padronizada". Embora conheça as incorreções, não procurei corrigi-las.

Tanto quanto o espaço me permitiu, referi-me às fontes e registrei as ajudas específicas recebidas. Os Drs. M. M. Gill, R. R. Holt, G. S. Klein, e R. Schafer leram o manuscrito; suas sugestões e correções foram tão numerosas que, na inviabilidade de acrescentar as respectivas notas de rodapé, este é o melhor meio que tenho de reconhecer meu débito para com eles. Sou particularmente grato ao Dr. Holt, não apenas por suas repetidas leituras, sugestões, críticas, mas também por auxiliar-me na formulação das considerações a respeito das variáveis e da quantificação.

Estou em débito ainda maior com Erik Erikson, Merton Gill, Heinz Hartmann e Samu Rapaport. Finalmente, quero expressar minha gratidão para com a Sra. Ruth B. Shippey, a Sra. Barbara Kiley e a Srta. Suzette H. Annin. A Sra. Shippey e a Sra. Kiley atuaram como secretárias, nas diversas versões do manuscrito, e a Srta. Annin fez o trabalho editorial e bibliográfico.

1. Fatores Predisponentes e Atitudes Orientadoras

A. FATORES PREDISPONENTES

Os fatores que influenciaram a formação de Freud foram: a tradição judaica; o interesse muito cedo manifestado por questões literárias (uma especial devoção por Goethe e, através deste, pela Roma antiga); os cursos de Brentano, a propósito do ato psicológico; o impacto da teoria da evolução, de Darwin; a pesquisa clínica e laboratorial em neurologia e neuroanatomia (levada a efeito pelo círculo de Helmholtz); o trabalho psiquiátrico clínico (efetuado com Meynert); o trabalho clínico em torno das neuroses (realizado de início, com Breuer, Charcot e Bernheim) e a auto-observação[1].

A *influência de Helmholtz* na teoria freudiana revela-se no postulado do determinismo radical; na posição central do princípio do prazer-desprazer (e do processo primário), que é calcado no conceito de entropia[2]; no princípio de realidade (e do processo secundário), que é calcado no princípio da menor ação; e no "princípio da economia" que é modelado segundo o princípio da conservação.

A experiência ganha com as *pesquisas neurológicas* é responsável pelas concepções de Freud (derivadas da idéia que Hughlings Jackson fazia do sistema nervoso) relativas a uma série de organizações psicológicas (casos específicos, estruturas) superpostas hierarquicamente e topografricamente. Aquela experiência é também responsável pela

1. Esta lista corresponde a uma visão estreita das "influências formadoras". Para visão mais ampla, de caráter psicológico, ver Erikson (1954, 1955, 1956a) e Gross (1949); ver, ainda, Bernfeld (1914b, 1949, 1951); Bernfeld e Bernfeld (1952); Jones (1953, 1955); Shakow e Rapaport (1960).

2. Freud refere-se a Fechner (1873, sec. 11, p. 94, nota); ver Freud (1920, pp. 3, 4).

noção de redes associativas, superficialmente organizadas por contigüidade, mas, fundamentalmente, por impulsos; pelas concepções de inibição e facilitação, de início transportadas, em bloco, para o seu sistema, a partir da neurologia; e pela sua suposição inicial de que a psicodinâmica seria a neurodinâmica. Mesmo após ter sido abandonada, tal suposição ainda subsistiu na forma de uma crença de que, cedo ou tarde, a psicodinâmica seria colocada no "terreno sólido" da neurodinâmica e/ou da neurobioquímica.

A pesquisa laboratorial de Freud também se associava, intimamente, à "teoria da evolução"; e é provavelmente esta associação que se reflete na tendência genética do pensamento de Freud, particularmente perceptível na estreita relação presumida entre filogênese e ontogênese[3], na ênfase dada à epigênese, no conceito de regressão, e em muitos outros pontos. Uma versão neolamarckiana da teoria da evolução também parece ter influenciado o pensamento de Freud (1915a, p. 64).

Os efeitos de sua *experiência psiquiátrica clínica*, ganha com Meynert e leituras correlatas (*e.g.* Greisinger), embora cruciais, não foram estudados em pormenor[4]. Parece razoavelmente certo, entretanto, que os conteúdos das alucinações na "amentia de Meynert" serviram de protótipo para o conceito de "desejo de realização" (ver Breuer e Freud, 1895, p. 136; Freud, 1900, pp. 509, 533) e serviram, como fundamentação para o que será descrito abaixo como o modelo primário de cognição. Também é provável que a influência, freqüentemente lembrada, de Herbart (ver Jones, 1953) e a influência menos lembrada de Hering[5] sobre Freud tenha surgido indiretamente através dos trabalhos com Meynert e de leituras correlatas. Note-se, todavia, que nem as pesquisas neurológicas (dissecação e microscopia), nem o trabalho clínico forneceram a Freud vivência com o método experimental: as pesquisas e o trabalho alimentaram sua tendência para a observação.

A *experiência com neuróticos* deixou sua marca no sistema de Freud no reconhecimento de que fenômenos psicopatológicos, tais como a descrição não-anatômica dos sintomas histéricos, se organizam em função de princípios outros que aqueles familiares à neuroanatomia e à neurofisiologia; no reconhecimento do poder de forças psicológicas (através da observação da sugestão vigil e hipnótica, com

3. O Dr. F. Schmidl (de Seattle) chama a atenção para a influência exercida por Haeckel.

4. Ver, porém, o recente estudo de Hartmann, de 1956.

5. Ernst Kris (comunicação de caráter pessoal, em 11 de janeiro de 1957): "Notei que uma das mais óbvias fontes em que Freud se baseou foi o artigo de Hering, a propósito da memória. A evidência do interesse de Freud, que alcança o ano de 1922, é absolutamente concludente e, pelo que me consta, não havia sido observada até então. Pode agradar-lhe o exame da tradução que Anna Freud fez do livro de Levine, a propósito do inconsciente – e que diz respeito ao ponto em tela. A tradução do capítulo acerca de Butler deve-se a Freud; também é dele uma interessante nota de rodapé".

Breuer e Bernheim); no reconhecimento da existência de formações psíquicas não conscientes (através da observação de hipnose e de vários estados de consciência, com Charcot e Janet) interpretadas como o Sistema Inconsciente; e no reconhecimento do papel central da sexualidade nas neuroses (Freud atribuiu suas primeiras alusões a esse ponto a comentários ocasionais de Charcot, Chrobak e Breuer).

A influência da *auto-observação* (incluindo a auto-análise) é ubíqua na teoria de Freud e explica o método da livre-associação, o papel da investigação, e muitas outras descobertas específicas.

Os vestígios da *psicologia do ato, de Brentano*[6], são menos óbvios e nunca foram explicitamente discutidos[7]. Ainda assim, a posição central que ocupam os impulsos instintivos, na teoria de Freud, encontra um paralelo na interpretação dada por Brentano à estimulação e à resposta, em termos de atos intencionais (interpretação, aliás, que está em agudo contraste com a dos empiristas de origem anglo-saxônica). Nas fases iniciais de formulação da psicologia do ego, Freud sofre, de modo ainda mais incisivo, a influência de Brentano. O termo *intenção* aflora; o problema de testar a realidade leva a uma análise da "crença na realidade" (Freud 1916b, p. 146) que se faz ao longo de linhas análogas às de Brentano; e a distinção entre o que é percebido e o que é concebido, o que é real e o que é apenas pensado, etc., entram em cena. Esta influência impregna os *Trabalhos sobre Metapsicologia* (1911b, 1912, 1914b, 1915a, 1915b, 1915c, 1916a, 1917a). Embora Freud se recusasse, deliberadamente, a aliar-se à filosofia, adquiriu alguma familiaridade com ela através de Brentano. Em uma das poucas referências específicas que fez à filosofia, Freud caracterizou a Psicanálise (e particularmente seu conceito de determinação inconsciente) como uma réplica psicológica das idéias filosóficas de Kant (Freud, 1915c, p. 104). De fato, as implicações epistemológicas da Psicanálise estão próximas de Kant (ver Rapaport, 1914) e afastadas do empirismo anglo-saxão.

A *influência da literatura*, de modo geral, e de Goethe, de modo específico, é, mais uma vez, difícil de estabelecer. A literatura deu forma ao interesse de Freud pela natureza humana e deu forma ao modo pelo qual entendeu essa natureza. Também forneceu o padrão para a história de casos, entendida como instrumento – um padrão que os casos médicos de seu tempo não estiveram em condições de fixar (podendo-se comparar os melhores casos médicos da época, os de Charcot, por exemplo, com os casos registrados por Freud). Com efeito, cabe dizer que a validade intrínseca[8] de seu raciocínio e de

6. A respeito dos contatos de Freud com Brentano, ver Merlan (1945, 1949).

7. O Dr. Schmidl sugere que foi por intermédio de Brentano que Freud veio a conhecer Maudsley, a quem alude em *A Interpretação dos Sonhos* e cujo conceito de inconsciente pode ter influído no de Freud.

8. Por validade intrínseca entendo aquilo a que se refere a crítica literária ao falar de "enunciado válido": o grande escritor atinge uma forma que torna

seus escritos descritivos atuava como indicador de legitimidade – um indicador que, nas ciências mais antigas, provém habitualmente, das medidas quantitativas. Freud transformou-se em um dos grandes mestres do pensamento e da arte literária em língua alemã (recebendo, inclusive, o Prêmio Goethe). A influência da literatura e a influência de Goethe favoreceram, em Freud, a sensibilidade para perceber as sutilezas da comunicação verbal e a aptidão para buscar significados escondidos atrás de outros significados – que, associados ao gosto pela metáfora e pelos símbolos, constituem os requisitos para efetuar interpretações. Em verdade, essas influências provavelmente o conduziram para suas concepções nucleares – motivação, simulação e conflitos – que são a matéria bruta de toda arte.

O papel da *tradição judaica* no pensamento, nos métodos e na teorização de Freud também não foi pesquisado em pormenor. Wittels (1924), Reik (1940) e Erikson (1954, 1955, 1956a) elucidaram alguns de seus aspectos. É possível que boa parte do que é associado ao interesse de Freud pela literatura tenha vindo da tradição do "povo do Livro". Os métodos associativos e interpretativos têm alguns de seus arquétipos mais notáveis nos métodos do Talmud. A frase aramaica estereotipada, que introduz a interpretação talmúdica, traduzida para o português diz: "Que deseja ele que eu ouça?" Mas o grau do contato direto de Freud com a sua tradição judaica e seus efeitos em seu pensamento ainda não foram documentados[9].

Não podemos encerrar este apanhado dos fatores predisponentes sem frisar mais um, cuja significância não foi até hoje pesquisada, o *Zeitgeist* (ver Boring 1950, 1955). Darwin e Helmholtz, certamente, fazem parte desse fator. O *background* e o destino judaicos de Freud e sua influência em seu pensamento nunca foram discutidos nos amplos termos do *Zeitgeist*. Somente Erikson[10] examinou a influência do ambiente geral da Viena vitoriana, que provavelmente atuou mais como um fator limitante da psicologia social de Freud, do que como fonte de sua ênfase na sexualidade e suas vicissitudes. A avaliação do *Zeigeist* é especialmente importante em virtude das semelhanças fundamentais entre a teoria de Freud e uma teoria imediatamente precedente e outra imediatamente posterior. Marx, Freud e Einstein, que continuaram as revoluções de Copérnico, de Kant e de Darwin, tornaram relativas as nossas concepções do mundo. Marx, invertendo o *dictum* de Hegel, asseverou que "a existência (econômica) do ho-

um "enunciado válido" a expressão de suas observações, de seus sentimentos e de seus pensamentos. Mesmo na vida quotidiana, porém, algumas pessoas conseguem transmitir experiências de modo a torná-las claras, convincentes e cheias de significação, ao passo que outras pessoas produzem relatos pálidos, difusos, situados fora de contexto, como se fossem relatos de terceira mão.

9. Acabo de notar anúncio de publicação que pode ser de interesse: D. Bakan, *Sigmund Freud and the Jewish Mystical Tradition* (1958).

10. Erikson (1955) também chama a atenção para a influência que as teorias econômicas da época devem ter exercido sobre o pensamento de Freud.

mem determina sua consciência e não é a sua consciência que determina sua existência". Marx fez, assim, com que a visão que o homem tendo do mundo se relativizasse ao seu *status* sócio-econômico. Mais amplamente, Freud afirmou que a visão humana do mundo e a relação entre o homem e o seu mundo dependem de (ou seja, são tomadas relativamente a) seus impulsos e não tão simplesmente impressas nele pela sua experiência. Mais amplamente ainda, Einstein asseverou que a observação é relativa à posição do observador. Se aquilo que há de comum nas três teorias é tão real quanto parece e tem raízes no *Zeitgeist*, então disporíamos de um fator prévio que, embora sutil e não específico, poderia ser o mais geral e poderoso de todos.

B. ATITUDES ORIENTADORAS

1. A NATUREZA E OS LIMITES DA PREVISÃO PSICOLÓGICA

A previsão, em psicologia, implica postular um determinismo radical no comportamento humano. A suposição de Freud, de um determinismo *psicológico* sem exceções (que é, hoje, admitido com exagerada simplicidade), fornece o necessário fundamento para previsão.

Freud trabalhou, de início, com um material já disponível: os sintomas neuróticos. Seu problema, por conseguinte, era antes o da posdição do que o da previsão. Esta situação não é peculiar à Psicanálise; encontra congêneres em ciências sociais (por exemplo, na História) e em ciências naturais (por exemplo, na teoria da evolução). Uma teoria não se vê ilegitimada pelo fato de ser posditiva, em vez de preditiva – contanto que a posdição venha a ser cuidadosamente distinguida da explicação *ex pos facto*.

Pelo fato das observações serem feitas em situação terapêutica, as previsões se viam necessariamente relacionadas aos efeitos das intervenções terapêuticas; e, assim, também se viam evolvidas nas mesmas dificuldades que acompanham as recentes investigações acerca da "observação participante" e da "pesquisa de ação". Freud acreditava que somente a experiência direta com o método psicanalítico de tratamento poderia tornar possível a compreensão e o teste válido de previsões psicanalíticas; acreditava, ainda, que a teoria psicanalítica somente poderia ser legitimada pelo método psicanalítico; e acreditava, enfim, que a teoria *havia sido* assim legitimada, dispensando ulterior legitimação. O método, a teoria e sua validade eram vistos como elementos mutuamente e inextrincavelmente associados[11].

11. A discussão dos "testes críticos", feita adiante, na secção C do Capítulo 9, mostra o seguinte: os testes que, em ciência, legitimam uma dada teoria, decidem entre possibilidades alternativas e mutuamente excludentes; via de regra, porém, isso não acontece na Psicanálise, por impossibilidade. Com efeito, as alternativas contempladas pela Psicanálise não são mutuamente excludentes, mas, antes, equivalentes – qualquer delas podendo substituir outra, de acordo

Embora tais limitações da previsão e da verificação fossem reconhecidos, as observações dos fenômenos hipnóticos foram lembradas, desde o início, como qualificadas para validar as proposições relativas ao inconsciente (Bernheim, 1896; Breuer e Freud, 1895). Os sonhos induzidos por hipnose (Schrötter, 1911), os devaneios (Varendonck, 1921), e os fenômenos hipnagógicos (Silberer, 1909) foram considerados como evidências independentes que corroboravam o poder de previsão (e de posdição) da teoria. Além disso, a etnologia (Freud, 1913c), a literatura (Freud, 1907) e as produções psicóticas (Freud, 1911a) foram crescentemente lembradas como evidências confirmatórias independentes, embora seu uso para corroborar a teoria tendessem a confundir-se com o uso da teoria para explicá-las[12].

Tornou-se cada vez mais evidente que os estudos diretos do comportamento de lactentes e de crianças seriam necessários para a confirmação independente das reconstruções posditivas da teoria destas fases da vida e muitas investigações desse gênero tiveram lugar. Psicodiagnóstico e evidências experimentais também foram cada vez mais lembrados como elementos de confirmação da teoria, embora as investigações pelas quais essas evidências fossem obtidas raramente houvessem mostrado o devido respeito pela complexidade da teoria, e os métodos adotados raramente se mostrassem tais que seus resultados pudessem ser usados como confirmação da teoria[13].

A Psicanálise preocupou-se com uma classe de previsões, a saber, os prognósticos. Fazem parte da psicanálise aplicada (psicanálise clínica e psiquiatria) e não da teoria psicanalítica propriamente dita. O problema do prognóstico tem três aspectos: prognóstico para o tratamento pelo método psicanalítico; o prognóstico para a "remissão espontânea"; e o prognóstico para o tratamento pela psicanálise modificada ou por outra terapia. Até agora, o estudo dos critérios de formulação de prognósticos forneceu apenas algumas regras práticas, não alcançando o nível de teoria; no entanto, os conceitos de "força do

com a dinâmica da situação. Por conseguinte, a teoria não é erigida por meio de testes de previsão que excluem todas menos uma das várias alternativas; é erigida, ao contrário, através da consideração de todas as anotações alternativas que se mostrem compatíveis com a teoria existente. Somente são excluídas as alternativas que se mostrem conflitantes com a teoria existente. A observação que sugere tais alternativas incompatíveis é reexaminada por meio de ulteriores dados clínicos. Reexames que confirmem as alternativas incompatíveis, impossibilitando, pois, a sua eliminação, provocam alteração da teoria existente. Dessa maneira, pois, a posdição (orientada pelo desejo de preservar a coerência interna da teoria – e não pelo princípio da parcimônia) se transforma em principal via para a formulação de teorias, no campo da Psicanálise.

12. Na Ciência, é preciso interpretar as observações, se pretendemos estabelecer o que significam, em termos de evidência, para as teorias. Isso acontece, em especial na Psicanálise – onde os conceitos, via de regra, se acham distanciados do nível observacional. Para ulterior discussão desse ponto, ver Capítulo 3, secção C.

13. A dificuldade, em tais investigações, é a de que ou não fica estabelecido o *status* das investigações, como fonte de evidência *independente* para a teoria, ou não fica estabelecida a relevância que possam ter para a teoria. Ver Capítulo 5.

ego" (Hartmann, 1939b), de "técnica de modelos" e de "parâmetros de técnica" (Eissler, 1953) nasceram neste contexto.

Uma vez que o caráter posditivo das proposições psicanalíticas se põe claro, outra característia da teoria também se torna óbvia. O estudo detalhado dos sonhos, do simbolismo, dos lapsos, do chiste, de seqüências obtidas por associação, e de assuntos análogos, sugere que a Psicanálise examina e prediz comportamentos neste nível "microscópico". Todavia, o real objetivo da teoria sempre foi de predizer ou posdizer segmentos e seqüências de comportamentos ao nível das dimensões humanas ("macroscópicas")[14]. Essa curiosa dualidade é característica da teoria: ela é holística, mas não por lhe faltarem métodos para estudar e predizer o "microscópico"; e é atomista, no sentido de que pode estudar e estuda a "microanatomia" do comportamento, mas não porque seus métodos e interesses a limitem aos fenômenos "microscópicos". É claro que a verificação da teoria dos lapsos por sugestão pós-hipnótica (Erickson, 1939) ou a verificação da teoria do simbolismo por meio dos significados de sonhos sugeridos (Schrötter, 1911; Roffenstein, 1924; Nachmansohn, 1925; Fisher, 1953), que envolve previsões "microscópicas", não verificam as relações macroscópicas da teoria. De outro lado, a verificação de relações macroscópicas (*e.g.* entre homossexualidade e paranóia; ver Page e Warkentin, 1938) não confirma, necessariamente os mecanismos pormenorizados (como a projeção) que, de acordo com a teoria, atuam na condição de mediadores destas relações microscópicas.

Em conclusão: a natureza do material com que Freud trabalhou levou-o a supervalorizar a posdição e a subestimar a previsão, na construção de sua teoria. Sob esse aspecto, também foi influenciado pelo tipo de trabalho neurológico a que ele e seus mestres se dedicaram, e pelos métodos biológicos da época. Haverá, contudo, ciência que, em seus primórdios, esteja livre de tais desajustes? As condições básicas necessárias para se fazer previsões e para sua confirmação estão presentes na teoria psicanalítica e certos tipos de previsões psicanalíticas foram confirmadas. Além disso, a posdição, desde que usada apropriadamente[15], é tão válida para confirmação de teorias quanto a predição. A tarefa a executar é a de adicionar às *condições necessárias* de previsão, as *condições suficientes*[16], aprimorando a teoria e desenvolvendo métodos adequados de quantificação e confirmação.

14. Os termos "microscópico" e "macroscópico" são aqui utilizados no sentido que os exemplos lhes atribuem – *sem* alusão aos vários modos pelos quais têm sido utilizados na literatura.

15. A dificuldade, na confirmação de posdições, é esta: a posdição assenta-se em alguns dados e estes devem implicar (de alguma forma dedutível) as relações a serem posditas; todavia, as relações implicadas pelos dados não devem ser a tal ponto óbvias que tornem a posdição supérflua. O "tratamento adequado" da posdição deve, pois, explicitar aquilo que vem expresso nos dados em que a posdição se assentará e deve, ainda, explicitar aquilo que não é expresso nesses dados e só poderá ser inferido através da posdição. Entretanto, o que é fácil de dizer nem sempre é fácil de fazer.

16. Ver Benjamin (1950), onde se acha a primeira discussão desse tópico. Ver, ainda, a nota de rodapé nº 20.

2. NÍVEIS DE ANÁLISE

O nível de análise variou repetidamente na história da teoria psicanalítica.

Primeiro: Freud, em 1895 (ver 1887-1902), tentou explicar o comportamento pela neurodinâmica, embora já tivesse, nessa ocasião, um esboço claro (Breuer e Freud, 1895) de sua teoria psicanalítica, centrada no conflito entre ego e ambiente (memória de experiência traumática *versus* propriedade social e auto-estima). Nessa época, ele igualou o ego à consciência (*i.e.*, o complexo ideatório dominante) e o inconsciente ao que o ambiente desaprova. Assim, desde o início a Psicanálise trabalhou com três "níveis de análise": neuroanatomia e neurodinâmica, ambiente *versus* ego, consciente *versus* inconsciente.

Segundo: na fase seguinte da teoria (1900), a "dinâmica intrapsíquica", centrada no conflito entre impulso e censura, transforma-se em referente causal do comportamento e, aliás, em fator causal último. Até mesmo nessa fase, porém, Freud interligou a censura e o processo secundário com a realidade e as relações interpressoais (referentes ambientais e psicossociais). Mesmo assim, o nível dominante de análise é o intrapsíquico, em termos de impulsos *versus* censura.

Terceiro: como desenvolvimento da psicologia do ego (1923), um sistema dual de referências intrapsíquicas se cristalizou: impulsos e estruturas são justapostos. O nível dominante de análise ainda é o intrapsíquico, em termos de impulsos *versus* estruturas.

Quarto (1926): os conceitos estruturais são reconhecidos como representando, em parte, referentes da realidade externa[17] e os impulsos são considerados como representando referentes biológicos[18]. Assim, o sistema de referência intrapsíquico é reduzido a organismo *versus* realidade externa, e uma série de construções hipotéticas (impulsos e estruturas) são intercaladas. Agora existem três níveis de análise: biológico, intrapsíquico e real, embora todos sejam tratados em termos de suas representações psicológicas.

Quinto: de 1937 a 1946, os referentes psicossociais se cristalizam nos trabalhos de Horney (1937, 1939), Kardiner (1939, 1945) e Sullivan (1940), de um lado, e, de outro, nos de Erikson (1937, 1939, 1945, 1946) e Hartmann (1939a). Um sistema de múltiplos níveis de análise se desenvolve, incluindo o nível dinâmico, o econômico, o estrutural, o genético e o adaptativo, cujos fundamentos já haviam sido construídos em fases anteriores.

17. Ver Capítulo 2, secção H, adiante.

18. Freud escreveu: "... 'instinto' parece-nos um conceito fronteiriço, situado entre o mental e o físico; é representante mental dos estímulos que emanam do interior do organismo e pepetram a mente e também é, simultaneamente, uma forma de medir a exigência feita sobre a energia mental, em conseqüência de suas conexões com o organismo" (1951a, p. 64).

Em conclusão: a teoria psicanalítica, através de sua concepção de "sobredeterminação", manteve-se aberta para todos os relevantes "níveis de análise" e não se limitou a um só desses níveis, como ocorreu com várias outras teorias. Mas os conceitos "intrapsíquicos", em geral, e os impulsos, em particular, continuaram sendo centrais para a teoria.

3. UTILIDADE E PAPEL DOS MODELOS

A teoria de Freud contém quatro modelos distintos. Eles estão unidos na própria teoria, mas não a um simples modelo. Apresentaremos cada um deles, principalmente, e, depois, tentaremos desenvolver um modelo combinado.

a) *O Modelo do Arco-Reflexo (ou Topográfico)*

Este modelo (Freud, 1900, p. 498 e ss.) representa – como ocorre também nas teorias de estímulo-resposta – a tendência do organismo de reagir a estímulos. O modelo freudiano, entretanto, possui especificações adicionais.

1. Essa tendência é entendida como uma orientação dos processos psicológicos.

2. Trata-se de um dos dois sentidos que os estímulos podem tomar, o outro sendo regressivo.

3. No caso ideal, o estímulo começa em uma estimulação sensorial, passa através de um Sistema Inconsciente, Pré-consciente e Consciente, e termina em uma ação motora: esse é o caminho "topográfico".

4. Nem todas as excitações, entretanto, precisam percorrer completamente a seqüência topográfica.

Por exemplo, as excitações podem ter origem no Inconsciente, como acontece freqüentemente com as excitações impulsivas, embora a ação impulsiva seja com freqüência desencadeada por um estímulo. As excitações também podem originar-se no Pré-consciente: os sonhos são iniciados pelos resíduos pré-conscientes. Também não é necessário que as excitações, iniciadas por um estímulo sensorial, percorram todo o caminho topográfico: eles devem terminar, pelo menos temporariamente, no inconsciente ou no pré-consciente: é o caso das percepções "inconscientes" e "pré-conscientes", que são clinicamente comuns, como tem sido confirmado pelas experiências de Pötzl (1917) e outros (*e.g.*, Huston, Shakow e Erickson, 1934; Diven, 1937; Fisher, 1954; Klein, Spence, Holt, e Gourevitch, 1958). Analogamente, uma excitação pode terminar no inconsciente sem iniciar uma resposta motora. Desenvolvimentos recentes na psicologia do ego psicanalítico atentam que as funções autônomas do ego (particularmente as automatizadas) podem seguir um atalho no caminho topográfico. Assim, um lugar, na teoria psicanalítica, é associado às relações estímulo-resposta automatizadas (e é biunívoca a associação: um e um só local é associado a cada qual em relações automatizadas. O lugar (*locus*) de origem dos processos excitatórios, no esquema topográfico, é uma das características cruciais dos modelos topográficos.

O modelo mostrou-se útil de duas formas. De um lado, coordenou descritivamente uma ampla gama de observações de outro modo díspares, tais como as vicissitudes de estimulações, as respostas alternativas (ideativa, afetiva, motora e latente) aos estímulos, a falta do relacionamento biunívoco entre estímulos e respostas, e a grande variedade de respostas ideativas, afetivas ou motoras, aparentemente "espontâneas" (variando desde os sonhos, os devaneios, as ilusões, a ruborização, e o suor, até os lapsos e os movimentos aleatórios). De outro lado, o modelo serviu de fundamento para o ponto de vista topográfico em geral, e para os conceitos de Sistema Inconsciente, Pré-consciente, e Consciente, em particular, que foram os predecessores do ponto de vista estrutural.

b) *O Modelo da Entropia (ou Econômico)*

Este modelo (Freud, 1900, pp. 509, 533) – implícito na direção atribuída ao percurso da excitação no modelo topográfico – retrata a seqüência crucial, topograficamente incompleta[19], do comportamento do lactente: inquietação → sugar o seio → declínio da inquietação. Esta seqüência, que torna o comportamento o referente dos processos de redução de tensões, é considerado o modelo básico de todo o comportamento motivado; e, em consonância com o postulado do determinismo, diz respeito aos comportamentos com motivações óbvias assim como aos comportamentos aparentemente acidentais. *Pode ser modificado* – como veremos – *para explicar também os processos de manutenção da tensão e de aumento da tensão.* O mérito deste modelo está em que ele coordena uma série ampla de fenômenos, e serve, em particular, como fundamento para os conceitos do princípio do prazer e da satisfação de desejo; serve, ainda, em geral, para fundamentar o ponto de vista econômico que abrange aqueles conceitos. O modelo desempenha papel importante na transformação do ponto de vista topográfico em estrutural; contém, ainda, a essência dos pontos de vista dinâmico e adaptativo. Uma vez que este modelo já implica algum dos outros, apresentaremos, adiante, um esboço de uma tentativa prévia (Rapaport, 1951b) no sentido de desenvolvê-lo para transformá-lo num modelo psicológico unificado da teoria psicanalítica.

c) *O Modelo Darwiniano (ou Genético)*

Este modelo (Freud, 1905b; ver também Abraham, 1907-25), pelo qual se afirma que o fluir da ontogenia obedece a leis inatas, serviu a Freud como sistema de referência para a sistematização

19. Ver p. 9, acima.

dos dados das histórias das vidas de seus pacientes, transformando-se em fundamento para o ponto de vista genético, em geral, e, em particular, para a teoria do desenvolvimento psicossexual (libido), incluindo os conceitos de fixação e de regressão. A tendência de Freud de misturar o modelo darwiniano com a lei biogenética de Haeckel (a ontogenia repete a filogenia), de um lado, e com a visão lamarckiana de evolução, de outro lado, levou-o a algumas inferências que foram seriamente questionadas. Ainda assim, algumas destas inferências mostraram-se férteis, úteis e independentes dos alicerces em que eles se assentaram. A lei biogenética de Haeckel ajudou Freud a usar e elaborar o modelo jacksoniano. O modelo de Lamarck o capacitou a conceber os processos de adaptação, para os quais a teoria de Darwin não fornecia os apropriados meios conceituais. A essência da concepção genética de Freud, a saber, o desenvolvimento psicossexual, é provavelmente o trecho mais conhecido da teoria psicanalítica, e não precisaremos insistir na evidência que levou Freud a torná-la o centro de seu modelo genético. Freud não esgotou a utilidade de seu modelo; é a base do conceito de "mudança de função" de Hartmann (1939a) e da concepção "epigenética" de Erikson (1940, 1950b, 1956b) (que expande o postulado da "legalidade da ontogenia" para aplicá-lo ao desenvolvimento do comportamento para além das fronteiras do desenvolvimento psicossexual).

Mas esta exposição superficial faz pouca justiça ao significado do modelo genético, na teoria de Freud (ver Rapaport, 1957b). Na verdade, conceitos tão importantes, na hierarquia teórica, quanto os de identificação e da transferência, e teorias tão complexas quanto as da escolha de objetos, tiveram suas raízes neste modelo. Foi o modelo genético que permitiu à Psicanálise colocar – diferentemente do que aconteceu no caso das teorias de aprendizado – os *dados inatos prévios* (e não o *aprendizado prévio*) no centro de sua concepção de aprendizado. (Para exame de tentativas semelhantes, ver Lorenz, 1935; Tinberg, 1951; Piaget, 1936; Schiller, 1957.) Tais considerações genéticas tornaram possível, a Freud, entender o significado das experiências precoces para o comportamento do adulto. A psicologia acadêmica levou cinqüenta anos para chegar a esse ponto. (Ver as experiências confirmatórias de Hunt [Hunt, 1941; Hunt, Schlosberg, Solomon e Stellar, 1947]; a teoria de Hebb [1949]; e a revista de Beach e Jayne [1954].)

Os trabalhos de Erikson (1950a) e de Hartmann (1939a) e seus colaboradores (Hartmann, Kris e Loewenstein, 1946) ampliaram nossa compreensão genética, como o fez a discussão de Hartmann e Kris (1945) a respeito da proposição genética e dinâmica da Psicanálise. O trabalho de Werner (1926) e de Piaget (1936, 1937, 1945), na área da psicologia genética, foi um passo dado na mesma direção. Estudos normativos e longitudinais contribuíram com considerável material de observação sistemática relativo às seqüências genéticas. Todavia, os problemas metodológicos abrangidos pelos estudos destas seqüências e pela aplicação do ponto de vista genético ainda não foram solucinados (ver Benjamin, 1959).

d) *O Modelo Jacksoniano (ou da Hierarquia de Integração Neural)*

De acordo com este modelo, o sistema nervoso consiste em uma hierarquia de "integração"; os níveis mais elevados inibem ou controlam os níveis mais baixos da hierarquia e, além disso, danos nas integrações de postos mais altos (ou mesmo a supressão delas) provocam reintegração de funções em níveis inferiores. Quando Freud abandonou o terreno firme da neurologia (1898 [ver Freud, 1887-1902]), deixou as especulações neurológicas e lançou a hipótese dos sistemas psicológicos organizados hierarquicamente, adotando os padrões da hierarquia dos níveis neurais de Jackson (Freud, 1900, p. 488). Isto se nota numa das especificações do modelo do arco-reflexo, a saber, na seqüência de sistemas Inconsciente, Pré-consciente, Consciente. O modelo jacksoniano adotado por Freud vê-se estreitamente relacionado aos modelos genético e topográfico, e sua utilidade está em que fornece os meios para coordenar sistematicamente aqueles fenômenos de comportamento que não são controlados pela vontade e/ou pela consciência com aqueles que são assim controlados. Os conceitos de sistemas Inconsciente, Pré-consciente e Consciente (assim como os de id, ego, e superego) são organizados de acordo com esse modelo; a par disso, Freud admitiu que qualquer avanço na organização psíquica vem acompanhado de uma nova censura (1915c, pp. 122-127) e sua concepção de múltiplas camadas de defesas, no ego, também segue o mesmo padrão (1915b, 1926).

Mas isto não esgota o especial significado deste modelo, na teoria freudiana. Afinal, Janet e Prince basearam suas concepções num modelo similar, mesmo que Janet não tenha admitido, como Freud o fez, que o "subconsciente" existe em todas as pessoas, o tempo todo – embora sob o controle da consciência (no sentido jacksoniano) – preferindo afirmar que o "subconsciente" foi criado por uma dissociação causada por uma degeneração e precipitada por um trauma. Na teoria de Freud, a inibição dos níveis menores pelos maiores serviu de modelo para a conceituação de conflito. Assim, a inibição transformou-se num acontecimento dinâmico: o resultado de um confronto de forças. Inicialmente (Breuer e Freud, 1895, p. 116), essas forças foram conceituadas em termos de luta entre afetantes libidinais e ego, este sendo "a massa governante idealizada" que serve à realidade, à sociedade e à moralidade. Mais tarde (1900), esta concepção de conflito gerou a dos instintos *versus* censura, esta última representando impulsos de autopreservação do ego (1905b, 1914b). A concepção final (1923) foi a do conflito interestrutural entre o ego e o id, com a participação do superego em favor de um ou de ambos (1923, 1932a). Por conseguinte, o modelo jacksoniano coordenou essas observações outrora denominadas de "conflito" àquelas de que os "conflitos invisíveis" podiam ser inferidos e serviu como fundamento para os conceitos de conflito inconsciente, inibição, forças e contraforças instintivas inconscientes que levaram à teoria dos sintomas e, por fim, à teoria da estrutura mental. Em resumo: o modelo jacksoniano foi a base para o ponto de vista dinâmico da teoria de Freud, e também contribuiu para o desenvolvimento dos pontos de vista estrutural e topográfico.

e) *Modelo Combinado*

Vamos esboçar agora, com mais detalhes, o modelo entrópico (ou econômico), a seqüência do comportamento *inquietação → sugar o seio → declínio da inquietação.* (Para referências específicas, ver Rapaport 1951b.) A inquietação é considerada como o referente da acumulação de tensão; sugar o seio seria o referente da ação de redução da tensão sobre o objeto; e superação da inquietação, ou satisfação do desejo, seria o referente de um estado de tensão reduzida. Equiparam-se à acumulação de catexe, ação sobre o objeto catexizado, e descarga da catexe, que, por sua vez, se referem aos impulsos alcançando o limiar de sua intensidade, ação impulsiva no objeto de impulsos catexizados e satisfação dos impulsos. A direção implícita em todas estas seqüências é conceitualizada como o *princípio do prazer.*

Este é o *modelo primário de ação* (conação). É um modelo de ação porque não tem em conta pensamento ou afetos. É um modelo primário porque representa somente ações motivadas por impulsos básicos, sem a intervenção de estruturas psíquicas, de impulsos derivados e de outras motivações, que é característica da maioria das ações observadas. Este é o primeiro dos seis modelos a serem aqui derivados da seqüência comportamental que é considerada como o modelo de qualquer comportamento motivado. Preocupar-nos-emos, agora, com os modelos primários de pensamento e de afetos, em seguida, voltar-nos-emos para os modelos secundários.

O *modelo primário de cognição* (ideação) foi formulado por Freud em 1900 (pp. 509-510, 533): *impulsos alcançando o limiar de intensidade → ausência do objeto do impulso → idéia alucinatória de gratificação prévia.* Quando o objeto do impulso está ausente, as ações impulsivas não são possíveis, e ocorre um desvio em direção à gratificação alucinatória. A catexe impulsiva é deslocada para a lembrança de gratificações passadas dando a estas uma intensidade alucinatória. O atalho e a direção implícita neste modelo foram conceitualizados como *realização do desejo.* Vale a pena notar que o *princípio do prazer* e a *realização do desejo* (que é o seu equivalente cognitivo) são abstrações muito afastadas do significado que o senso comum atribui ao *prazer* e ao *desejo.* O modelo amplia o ponto de vista econômico, para abranger o fenômeno cognitivo, e seu conceito de realização do desejo exprime o caráter direto e intencional da cognição. Este modelo possibilita incluir fenômenos como o dos sonhos, o das alucinações, o das ilusões, o dos devaneios, e o das fantasias na teoria do comportamento motivado, e serve de base para aqueles conceitos que, no modelo secundário de cognição, coordena essas formas de pensamento com os fenômenos cognitivos mais comuns do pensamento verídico ordenado. Fornece a matriz teórica para a compreensão da livre-associação e das técnicas projetivas, e fornece conceitos para a explicação de fenômenos que ocorrem em estados de necessidade (fome e sede [Klein 1954]; ausência de estímulos [ver Hebb e col.; Heron, Bexton, e Hebb, 1953; Bexton, Heron e Scott, 1954; Heron, Doane, e Scott, 1956; Heron, 1957; e os experimentos de Lilly, 1956a, 1956b]; e estados hipnóticos [ver Brenman e Gill, 1947a; Gill e Brenman, 1959; e também Rapaport, 1958b]).

O *modelo primário do afeto* foi formulado por Freud em 1900 (pp. 520-521): *impulso alcançando o limiar de intensidade → ausência do objeto impulsivo → descarga afetiva.* Na ausência do objeto impulsivo, a ação impulsiva não sendo possível, tem lugar uma descarga de emergência, que se dará através dos canais de descarga afetiva. Freud caracterizou as descargas afetivas como "válvula de escape" para a tensão impulsiva (1900, p. 520); mais tarde, caracterizou-as como descargas que se dão no interior do organismo (adaptação autoplástica), em contraste com as alterações da realidade externa pela ação (adaptação aloplástica) (1911b, p. 16)[20]. Enquanto outras teorias psicológicas postulavam ligações diretas entre estímulos afetivos e mudanças corporais e experiências subjetivas envolvidas nos afetos, este modelo – como o topográfico – insere idéias e impulsos conscientes entre estímulos e respostas afetivas. Essa modificação tornou possível a elaboração de uma teoria unificada capaz de explicar a ansiedade e outros afetos duradouros – de explicar, em outras palavras, os afetos que não são desencadeados por estímulos afetivos óbvios e de explicar, a par disso, as formas comuns pelas quais se manifestam os afetos. A modificação também elimina alguns dos intrigantes enigmas que aparecem nas teorias comuns e várias das contradições entre as teorias comuns acerca da afetividade (James--Lange, Cannon, etc.) (Para uma discussão detalhada, ver Rapaport, 1942a.)

A relação entre o modelo primário de ação e os modelos primários de cognição e afetos é indicada pela presença do objeto impulsivo no primeiro e sua ausência nos últimos. A relação entre o modelo cognitivo e o modelo dos afetos se expressa no *modelo primário combinado de cognições e afetos* que foi formulado por Freud em 1915 (1915b, p. 91; 1915c, p. 111); *impulso no limiar da intensidade → ausência do objeto impulsivo → idéia alucinatória e/ou descarga afetiva.* Esse modelo foi inventado para explicar uma série de observações clínicas. Clinicamente, o impulso reprimido é inferido das suas representações ideativas e afetivas. Enquanto nas idéias obsessivas somente a representação ideativa dos impulsos é observada (sua representação afetiva geralmente sucumbe às defesas, *e.g.* repressão, isolamento ou deslocamento), nos ataques históricos somente a representação afetiva é manifesta (a representação ideativa sucumbe à defesa, geralmente a repressão). Afeto e idéia são assim concebidos como representações de impulsos complementares e/ou alternativos.

Estes modelos primários unificam a tradicional divisão em

20. Das interações entre ambiente e organismo, chamam-se autoplásticas as que resultam, primordialmente, de alterações do organismo; e aloplásticas as que resultam, primordialmente, de modificações do ambiente.

conação, cognição e afetividade. São, claramente, modelos entrópicos (econômicos), embora impliquem, quanto ao sentido, o modelo topográfico (arco-reflexo) e, quanto ao papel desempenhado pelos impulsos, o modelo dinâmico. Têm implicações adaptativas pelo fato de que presumem coordenações, garantidas pela evolução, entre o impulso e o objeto real (o objeto impulsivo), e entre os indivíduos, pelas expressões afetivas. Os modelos têm implicações estruturais: limiares, que devem ser alcançados por intensidades de impulsos antes de ocorrer a ação impulsiva, e, ainda, os canais de descarga dos impulsos. Têm implicações genéticas pelo fato de serem entendidos como pertencendo primariamente a fases iniciais do desenvolvimento. Os modelos secundários elaboram estas implicações adaptativas, estruturais e genéticas.

O *modelo secundário de ação* foi delineado por Freud em 1900 (pp. 533-534); *impulso lançando a intensidade limiar → impulso derivado mobilizado pelo impulso básico ou pelo fato de alcançar-se a intensidade limiar → atraso estruturado, na presença do objeto do impulso → atividade-desvio* (substitutiva), *em busca do objeto do impulso e atividades-meio* (mediadores) *para alcance do objeto → satisfação.* Examinemos a relações entre as fases desta seqüência, uma a uma.

Impulso alcançando o limiar de intensidade → impulso derivado mobilizado pelo impulso básico ou pelo fato de alcançar-se a intensidade limiar. Essa fase implica os modelos de Darwin e de Jackson: há implicações genéticas e hierárquico-estruturais. No decurso do desenvolvimento, os impulsos se diferenciam numa hierarquia de impulsos derivados. Essa hierarquia, por sua vez, tem implicações adaptativas e estruturais. Impulsos derivados se diferenciam segundo as leis ontogênicas (*e.g.* leis do desenvolvimento psicossexual), mas as causas dessa diferenciação são ambientais (por exemplo, a periódica inexistência do objeto impulsivo, o aparecimento de objetos substitutivos, a resposta ambiental face a novas conquistas ontogenéticas, a exigências colocadas por essas mesmas conquistas ontogênicas, etc. [Erikson, 1950a, 1950b, 1956b]); a diferenciação, por seu lado, é adaptativa. A redução progressiva e a mudança dos cuidados familiares e maternais são as contrapartes ambientais deste desenvolvimento adaptativo, fornecendo as ocasiões para que ocorram. Assim o desenvolvimento de impulsos derivados não é questão de mero aprendizado; nem é ele regulado cegamente por leis ontogênicas.

Quando o objeto impulsivo está ausente, o limiar da descarga impulsiva é elevado pela *contracatexe*; e as distribuições de energias contracatéxicas são conceitualizadas como estruturas de *controle* e *defesa*[21] e impulsos derivados[22]. Esta é a mais importante implicação

21. A expressão "controle e defesa" alude a um conjunto de fenômenos, até agora ainda não adequadamente estudado. Certas distribuições contra-catequéticas *(countercathectic)* de energia impedem, de fato, a execução das motivações para as quais se orientam: denominam-se defesas. Outras apenas retardam,

dinâmica deste modelo. Uma inibição, resultante de um conflito entre forças motivadoras e estruturas, dá origem a novas forças motivadoras.

Outra implicação desta primeira relação é a de que a ação pode ser iniciada de várias maneiras. O impulso básico pode iniciá-la, ao atingir o limiar de intensidade. Nesse caso, os impulsos derivados (se não atingiram o limiar de intensidade) podem ser contornados ou deflagrados pelo impulso básico. Mas a ação pode também ser iniciada diretamente pelo impulso derivado que alcançou o limiar de intensidade. Ou pode ser iniciado quando um estímulo externo fornece o excedente de excitação que leva um impulso básico, ou algum impulso derivado, para o limiar de intensidade. Voltamos a encontrar a organização hierárquica e as possibilidades de desvios, discutidos em conexão com o modelo topográfico.

Passemos para a segunda relação: *impulso derivado mobilizado por impulso básico ou alcançando o limiar de intensidade → atraso estruturado.* Esta relação implica todas as possibilidades examinadas acima para o início da ação. O atraso estruturado representa, aqui, o papel que o limiar de descarga impulsiva representava no primeiro modelo: ele adia a descarga, até certo ponto. Por outro lado, representa o mesmo papel que a ausência do objeto impulsivo representava no modelo primário: conduz o atraso para além do ponto original do limiar de descarga. O atraso estruturado (isto é, controle ou defesa) é concebido como elevação do limiar original pelas contracatexes, de modo que o objeto do impulso, contra o qual se manifesta a defesa, se ausenta (não é notado ou não é utilizado), sob o ponto de vista da *realidade psicológica*, mesmo quando presente na *realidade externa*. Aqui, a ausência *psicológica* do objeto representa o mesmo papel que a ausência real representa no modelo primário.

Controles e defesas são concebidos como estruturas: seus índices de mudança são baixos em comparação com os acúmulos de energia impulsiva e os processos de descarga impulsiva. O atraso de descarga, que estas estruturas tornam possível, é a distinção principal entre o modelo primário e o secundário. Nos modelos primários, prevalece o *princípio do prazer* (a tendência de descarga direta); enquanto aqui prevalece o princípio contrário do menor esforço — que é *um* dos referentes do conceito de ordem mais elevada de *princípio de realidade* (Freud, 1911b). Limiar e intensidade impulsiva são relativas um ao outro, mas as observações necessitam do pressuposto de que as estruturas de controle e de defesa podem tornar-se relativamente independentes dos impulsos. As observações relevantes — por exemplo, o papel adaptativo de alguns comportamentos que

modulam e canalizam as motivações: denominam-se controles. Na observação real, há uma transição fluida, não uma dicotomia claramente fixada. Para ulterior discussão do tema, ver Rapaport (1951a, Parte 7).

22. As manifestações das distribuições de energia são sempre forças; clinicamente, as defesas são reconhecidas através do surgimento de novas motivações.

surgiram como formação de reações defensivas – são as mesmas que embasam o conceito do ego; sua autonomia é uma das implicações da autonomia do ego (Hartmann, 1939a; Rapaport, 1951c, 1958b), é semelhante à concepção de "autonomia funcional", de Allport (1935-47).

Passemos para a próxima relação: *atraso estruturado → atividade-desvio* (substitutiva) *em busca do objeto do impulso e atividades-meio* (mediadores) *para alcance do objeto.* No modelo primário, quando o objeto impulsivo está ausente, ou se dá a catexe de impulsos, em virtude de lembrança de uma gratificação passada, resultando em desejo alucinatório de satisfação do desejo, ou, alternativamente, parte da catexe impulsiva é descarregada através de uma "retirada estratégica" pelos canais de descarga afetiva. No modelo secundário, o *atraso* estruturado adia a descarga e torna possível o surgimento de *desvios* do caminho direto da gratificação e procura do objeto impulsivo. Os conceitos de *atraso* e *desvio* são familiares aos psicólogos (Hunter, 1913; Köhler, 1917). Embora Freud os tenha introduzido em 1900, os psicólogos aparentemente não perceberam que, uma vez aceitos seriamente, esses conceitos podem explicar a distinção e a ligação entre comportamentos impulsivos e controlados. Voltaremos a falar em atraso e desvio no modelo secundário de cognição.

Finalmente, a última relação, *atividade-desvio e atividades-meio → satisfação.* Implica que não é necessariamente a *gratificação impulsiva* que se obtém por meio de seqüências desse tipo[23]. Já vimos que tais seqüências podem ser iniciadas por impulsos ou impulsos derivados, cada um dos quais podendo ser desencadeado por excitações externas. Agora – levando a autonomia do ego em consideração – devemos acrescentar que a excitação externa pode também desencadear diretamente o comportamento-desvio e os comportamentos-meio: as funções que servem a tais comportamentos são funções do ego. Atraso estruturado e desvio, assim como estruturas em geral (de defesa, de controle e estruturas-meio) são os conceitos que capacitam esta teoria explicar a manutenção e o aumento de tensão, e não, como se pensava (Allport, 1947), apenas a redução de tensão. O deslocamento da "gratificação" do modelo primário para a "satisfação" deste modelo indica que a descarga total de tensão impulsiva cede lugar para uma descarga compatível com a manutenção da tensão que é inevitável, em vista da formação de estruturas.

O *modelo secundário de cognição* foi delineado por Freud em 1900 (pp. 509-510, 533, 536): *impulso ou impulso derivado chegando no limiar de intensidade → atraso estruturado → experimento mental, com pequenas quantidades de catexe para antecipar e planejar, locali-*

23. Exemplos do ponto comentado são as *quase-necessidades,* discutidas por K. Lewin (1926a, 1926b, 1935). De maneira mais genérica, a diferença que se estabelece entre gratificação de impulsos e satisfação corresponde à distinção que se estabelece entre as variedades de inícios de ações, discutidas acima, p. 16 (Discussões adicionais em Rapaport, 1951b.)

zar e agir sobre o objeto impulsivo. Os primeiros passos, neste modelo, são semelhantes aos do modelo secundário de ação, e se aplicam às considerações apresentadas acima. A relação entre o atraso estruturado e a ação experimental no pensamento é a única a necessitar de exame. De acordo com o modelo primário de cognição – que atende ao princípio do prazer – quando a ação impulsiva não pode ser executada, ocorre um curto-circuito para a gratificação alucinatória, através dos mecanismos de deslocamento, condensação, substituição, simbolização, etc. No modelo secundário, sob as mesmas condições, o atraso estruturado impede o curto-circuito, o que resulta em comportamento-desvio que envolve pensamento ordenado.

A concepção de dois tipos de organização da memória se baseia nesta diferença entre os dois modelos (Rapaport, 1951a, nota, pp. 630-631). Na organização impulsiva da memória, todas as representações mnêmicas (ideativas) de um impulso são organizadas à sua volta e são equivalentes entre si. O mecanismo sincrético enumerado acima exprime esta equivalência[24]. Na organização conceitual de memórias, as equivalências têm dois determinantes: de um lado, coordenações empíricas (contigüidade freqüente); de outro, implicações lógicas (nem todas as contigüidades freqüentes são admitidas, mas somente aquelas que são compatíveis com as implicações lógicas)[25].

Estas duas organizações das lembranças não qualificam duas *classes* de pensamento, mas conceituam dois *aspectos* diferentes de qualquer pensamento, estipulando que a organização conceitual é superior, hierarquicamente, à organização impulsiva, e tem uma função controladora sobre ela. Estes modelos cognitivos, e sua relação genética mútua, representam a primeira tentativa coerente de coordenar, numa só teoria, aquelas formas do pensamento que são fundamentais (obsessões, ilusões, sonhos, etc.) e aquelas que são dispensáveis, ou seja, que podem ou não ser usadas (pensamento prático, pensamento racional, pensamento lógico rigoroso).

No modelo secundário, o potencial antecipatório e intencional do pensamento deriva da retitude do modelo primário, enquanto sua importância para a realidade deriva do atraso estruturado que age contra a descarga imediata e a tendência de gratificação do modelo primário, permitindo, assim, o desenvolvimento e o uso de coordenações conceituais.

O *modelo secundário do afeto* foi formulado por Freud em 1926 (Capítulo 8, particularmente pp. 76-79): *impulso ou impulso derivado chegando ao limiar de intensidade → atraso estruturado →*

24. O termo "equivalência", aqui empregado, é uma generalização da equivalência implicada pelo conceito de "estímulos equivalentes". Aplica-se não apenas aos estímulos, mas também às respostas. Aplica-se não somente a estímulos e respostas "não-discrimináveis", mas também aos estímulos e respostas cuja ligação mútua é a de *indicador* para *indicado.*

25. Exposição mais ampla de tais organizações da memória encontra-se em Rapaport (1950b, 1951a).

sinal afetivo liberado pelo ego a partir de cargas afetivas estruturalmente segregadas[26]. A primeira relação desta seqüência é idêntica àquelas dos outros modelos secundários. As considerações feitas acima também se aplicam neste caso, com uma exceção: aqui, altera-se o papel do impulso atingindo o limiar de intensidade e as conseqüências da tensão impulsiva crescente são antecipadas pelo ego.

Bem cedo, na construção de sua teoria, Freud admitiu que não podendo ocorrer a ação impulsiva, os canais de descarga afetiva servem de "saídas estratégicas" para uma parte das catexes impulsivas represadas (carga afetiva). Em 1915, Freud supôs (1915c, pp. 109-112) que somente a intensidade impulsiva e a capacidade dos canais de descarga de afetos determinam a carga afetiva; supôs, ainda, que esta última, antes de sua descarga, não se acha separada das catexes impulsivas. Essa concepção ainda se aplica aos afetos, nas primeiras fases da ontogênese.

Mais tarde (1926), entretanto, tornou-se necessário pressupor que ocorre uma separação estrutural de cargas afetivas e a de catexes impulsivas, de modo geral; tal separação manifesta-se paralelamente com o desenvolvimento da hierarquia estrutural e motivacional, quando afetos específicos e canais de descarga afetiva se diferenciam em cada nível da hierarquia. Inicialmente, o aumento da intensidade impulsiva foi visto como algo que usa os canais de descarga afetiva automaticamente, quando a ação impulsiva, na ausência do objeto impulsivo, não é possível. Agora, porém, a ausência de objetos é internalizada na forma de atraso estruturado e as estruturas do ego, cooperando com este atraso, geram estruturas que mantêm a carga afetiva separada e controlam, também, sua descarga. As cargas afetivas segregadas estão, portanto, sob o controle do ego: quando a tensão impulsiva aumenta e atinge as estruturas de defesa do ego, o ego usa a carga afetiva segregada para dar um sinal afetivo antecipatório que – embora de pequena intensidade, em comparação com a descarga afetiva – mobiliza (em virtude do princípio do prazer) contracatexes que reforçam as defesas e, assim, impedem a descarga impulsiva (1926, pp. 18-20, 112-117). No desenrolar da ontogênese, os afetos se transformam de fenômenos de descarga em sinais, de válvulas de segurança da tensão impulsiva em antecipações dos meios para impedir a descarga impulsiva. Em circunstâncias "normais" de privação ou de perigo (e também quando expostos ao chiste e ao drama), tanto quanto em condições patológicas, os sinais afetivos podem ceder seu lugar às descargas afetivas (ver Fenichel, 1941b). A carga afetiva segregada também pode manifestar-se (como se dá com todas as quantidades catéxicas) na forma de força motivadora[27]. De acordo

26. Discussão mais pormenorizada dessa questão encontra-se em Rapaport (1951a, 1953c).

27. Exemplificando: as ações associadas a um sentimento inconsciente de culpa podem ser motivadas pelo impulso de agressão que deu origem ao sentimento de culpa ou por motivação (derivada) que surgiu como reação ao impulso de agressão ou, ainda, pelo próprio sentimento de culpa, que adquire *status* de

com o modelo secundário, os afetos podem atuar como processos de descarga, como sinais premonitórios do ego, anunciando o aumento da tensão impulsiva e como motivações; coordenam, assim, uma larga variedade de observações que dizem respeito às emoções. Na verdade, a maior parte das observações acerca dos afetos que as diversas teorias acadêmicas explicam – ou não conseguem explicar – estão coordenadas neste modelo.

As formas comportamentais representadas pelos modelos secundários manifestam-se de acordo com leis ontogênicas, a partir de formas que são representadas pelos correspondentes modelos primários. Seu desenvolvimento, contudo, também depende das condições ambientais e é, pois, adaptativo.

Em contraste com todos os modelos primários, todos os modelos secundários envolvem o atraso estruturado, ou seja, desenvolvimento estrutural progressivo, com camadas hierarquicamente dispostas. As estruturas em tela são: estruturas de controle e defesa; estruturas que segregam cargas afetivas; e estruturas-meio, que favorecem os processos secundários de ação e pensamento. Um desenvolvimento paralelo ocorre na hierarquia das motivações: cada passo, no desenvolvimento da estrutura, resulta num atraso imposto às motivações, que, por sua vez, dá origem a novas motivações derivadas e novos afetos. Este desenvolvimento hierárquico de múltiplas facetas é o desenvolvimento do ego (Rapaport, 1951a, 1957a) e envolve a diferenciação entre ego e id, e entre superego e ego. A divisão em id-ego é a mais ampla articulação estrutural da organização mental e, como tal, uma concepção nuclear da teoria clínica da Psicanálise. Considerando que pode ser derivada a partir dos modelos já discutidos, não se trata de um modelo independente, dispensando maiores comentários. (Para análise de uma concepção semelhante, ver Glover, 1947.)

Os modelos secundários se baseiam fortemente nos modelos darwiniano (genético) e jacksoniano (hierárquico), de modo que as considerações estruturais, genéticas e adaptativas também são importantes para o seu exame. Incluem, ainda, as considerações topográficas, econômicas e dinâmicas dos modelos primários. Assim, este modelo combinado, que é uma elaboração do modelo entrópico (econômico) reúne todos os modelos que Freud usou. A reunião de todos os modelos que Freud utilizou se faz, todavia, com o ônus de uma subdivisão em seis modelos parciais que imbricam uns nos outros, em vista de sua prória natureza – se não pela natureza da teoria ou mesmo do assunto.

4. A ABRANGÊNCIA DA REFERÊNCIA EMPÍRICA

Desde o começo, a teoria psicanalítica subentendeu uma ampla referência empírica, emobra tivesse como fulcro a psicologia dos

motivação relativamente autônoma (ver Rapaport, 1951b). Aqui pode estar um elemento de ligação com a teoria das emoções, formulada por Leeper (1948).

impulsos e processos primários, e sustentasse serem de irrestrita validade os resultados obtidos nessa área[28]. Freud asseverou, em 1917 (1917b, pp. 330-333), que o adiamento da exploração dos processos secundários, das funções do ego, das relações de realidade, e da adaptação resultava de uma estratégia deliberada e não correspondia a uma falha em reconhecer sua importância. Na verdade, Freud abordou aqueles temas, incluindo-os na teoria em 1900 (pp. 533, 535) e em 1911 (1911b) para consolidar suas idéias entre 1917 (1917b) e 1926. Mas foi só em 1939 que Hartmann (1939a) apresentou a primeira formulação sistemática das relações de realidade e das adaptações, pela expansão do quadro de referência da psicologia do ego. Esta sistematização, que foi acompanhada pela afirmação de que a Psicanálise é um sistema psicológico abrangente, continuou com os estudos de Hartmann, Kris e Loewenstein (Hartmann, 1948, 1950, 1952; Hartmann, Kris e Loewenstein, 1946, 1949; Kris, 1950b), Rapaport (1951a, especialmente Parte 7; 1951b, 1955), Jacobson (1952a, 1953b, 1954), e Rapaport e Gill (1959).

Entrementes, e mesmo antes desses desenvolvimentos nas principais correntes de pensamento da Psicanálise, as relações de adaptação e realidade e, em especial, o papel das relações interpessoais e da sociedade, eram centrais nas teorias de Adler, Horney, Sullivan e Kardiner (ver Munroe, 1955). Erikson (1937, 1939, 1940, 1945, 1946, 1950a, 1950b, 1954, 1956b) foi o primeiro que levou tais contribuições ao desenvolvimento teórico (que alargaram o campo real de referências empíricas) para o fluxo mais importante da teoria[29].

Finalmente, com início no final da década de trinta, a influência da Psicanálise e da nova psicologia psicanalítica do ego se expandiu para abranger toda a Psicologia. A expansão se deu através das técnicas projetivas, que passaram a ser usadas na psicologia clínica, e, depois, na psicologia clínica experimental, e, finalmente, na psicologia experimental propriamente dita (ver Shakow e Rapaport, 1960). Concretizou-se, assim, gradualmente, a asseveração original de que a teoria tinha caráter abrangente.

Se é preciso indicar uma importante limitação da tese da abrangência da teoria, cumpre dizer que lhe falta uma específica teoria do aprendizado. A Psicanálise criou o alicerce a partir do qual as teorias contemporâneas do comportamento (Hull, Dollard, Miller, Mowrer, etc.) podem ser frontalmente atacadas. Sua concepção do processo primário (*e.g.* a organização impulsiva da memória) e do processo secundário (*e.g.* a organização conceitual da memória pode ser utilizada como base para uma teoria do aprendizado. Mas, tal como se

28. Em outras palavras, são os determinantes últimos de *qualquer* comportamento. A idéia de *determinante último* e a restrição que se lhe impôs mais tarde serão discutidas abaixo, no Capítulo 2, secção H.

29. Hartmann (cujo trabalho é um elo indispensável entre os estudos de Erikson e a metapsicologia psicanalítica clássica) lançou os alicerces metapsicológicos para que tal unificação se processasse, mas não chegou a levá-la a cabo.

deu com a teoria da Gestalt e a de Lewin, a Psicanálise não ofereceu uma base alternativa específica do aprendizado. Embora a concepção da automatização, devida a Hartmann (1939a), pareça abrir uma nova perspectiva para o problema do aprendizado – como o fez o conceito de ossificação de Kurt Lewin (1926b) – o fato é que até agora, ninguém utilizou essa concepção. O problema do aprendizado, ou seja, a questão de saber como um processo se transforma em estrutura, ou, em outras palavras, a questão da sobrevivência e da possibilidade de dispor da experiência por longos prazos é um problema que também a Psicanálise não conseguiu resolver.

5. QUANTIFICAÇÃO E MENSURAÇÃO

A teoria psicanalítica alberga considerações quantitativas (particularmente em seu ponto de vista econômico), mas a sua tradução em medidas reais apresenta dificuldades que não foram vencidas. Algumas dessas dificuldades serão mencionadas a seguir e no Capítulo 5.

Freud não adotou uma posição teórica que implicasse a ausência de quantificação[30]. Todavia, nem ele, nem qualquer outro psicanalista, tentou quantificar as variáveis da teoria. Conquanto a teoria seja útil e indispensável clinicamente, não obstante o fato de ela haver lançado muita luz em ampla gama de fenômenos humanos; em que pese o fato de a experiência clínica confirmar a cada instante a sua utilidade, a Psicanálise, como teoria, necessita de testes precisos de confirmação, que, por sua vez, exigem a matematização das relações por ela postuladas. Eis os obstáculos à matematização: (a) A variável independente básica (as catexes impulsivas, em geral; a libido, em particular) postulada pela teoria psicanalítica é uma variável intrapsíquica, associada às mudanças orgânicas e às condições estruturais intrapsíquicas, e não aos estímulos externos; a variável é, pois, difícil de manipular[31] e medir. (b) Os caminhos pelos quais as variáveis, como fatores causais, podem exercer seus efeitos, são múltiplos e intercambiáveis (ver a função vicária (indireta) de Tolman; as tarefas substitutivas de Lewin; e a equifinalidade de Heider) e são, pois, difíceis de predizer, observar e medir[32]. (c) A distância entre as variá-

30. Sabemos, porém, que tomou posição, ocasionalmente, no que concerne ao aspecto prático, admitindo que a teoria não necessita de confirmação experimental (ver Rosenzweig, 1937). Devo ao Dr. Rosenzweig – por via de comunicação pessoal – o informe indicativo de que Freud repetiu sua convicção em conversa com o Dr. Roy Grinker, mas de que, posteriormente, não se mostrou tão confiante a respeito da não necessidade de confirmações experimentais.

31. Um dos não pequenos obstáculos para a manipulação do indivíduo é o direito de privacidade que se investe – e que é inviolável.

32. Afirma-se, com freqüência, que Freud não teria quantificado suas variáveis por ser adepto de "outras tradições". Sua continuada relutância em usar a quantificação derivaria do fato de que a Psicanálise se teria desenvolvido "fora do âmbito da psicologia acadêmica". É verdade que a pesquisa neurológica,

veis fundamentais da teoria e os fenômenos observados torna incerto se, na verdade, qualquer medida obtida quantifica, de fato, alguma variável particular.

Mas estes obstáculos não precisam impedir a matematização (*e.g.* quantificação), embora sugiram que o caminho para essa matematização é longo e árduo. É duvidoso que a longa cadeia hierárquica de conceitos intermediários, interposta entre os principais construtos explicativos e os dados observáveis possa ser transposta, como é duvidoso que relações diretas venham a ser encontradas entre eles. Isto ressalta a importância da construção de teorias, já que somente uma sólida construção teórica (em que haja definições e regras dedutivas claramente formuladas) pode servir de base para testes confirmatórios acerca dos observáveis que estão a grandes distâncias dos construtos. Os modelos acima discutidos mostram que, nesta teoria, as regras implicativas variam com a distância entre os construtos e as variáveis básicas.

Vários aspectos dos observáveis podem ser controlados, avaliados e medidos; mas os observáveis, *per se,* não nos podem dizer que aspectos e que método de contagem ou medida nos revelarão as relações entre eles e os construtos explicativos: somente uma teoria pode fazê-lo. Não se pode evitar certa dose de quantificação *ad hoc,* em termos de tentativas e eliminação de erros, mas tal quantificação jamais permite a formulação de teorias porque uma teoria é produto da atividade de quem formula teorias. A confirmação ou a refutação de uma teoria exige que se quantifique as *dimensões* das variáveis da teoria. As quantificações *ad hoc* não são necessariamente inúteis; elas podem ser os meios pelos quais as deduções, a partir da teoria, e as induções, a partir dos observáveis, são postas progressivamente mais perto umas das outras, os meios através dos quais os elementos mensuráveis essenciais são progressivamente selecionados, na multidão de todos os elementos mensuráveis. Mas tal seleção não pode ser alcançada por medidas cegas, desvinculadas de alguma teoria: mensurações feitas às cegas a nada conduzem[33].

realizada por Freud, se dava no terreno da neuroanatomia não-quantitativa. Também é possível, como sugere R. Holt (1955), que a experiência de Freud com os "jogos numéricos" (associada a uma geral incapacidade para o pensamento matemático, freqüentemente lembrada pelo próprio Freud, 1887-1902) o tenha tornado avesso às considerações quantitativas. Contudo, estas observações erram o alvo, ao que parece, olvidando que faltam métodos quantitativos aplicáveis às variáveis intrapsíquicas. A psicologia acadêmica apenas agora *iniciou* o exame de tais métodos. Acresce que os argumentos citados ignoram o fato de que a tradição fixada por Helmholtz foi matriz diretiva tanto do pensamento freudiano quanto da psicologia acadêmica, e que a biologia, naquela época, não estava centrada na quantificação, mas, ao contrário, na importância do caso específico e no traçado de conexões genéticas. A teoria da evolução parece ter sido "boa ciência", embora os complexos procedimentos estatísticos que G. G. Simpson (1939, 1949) tenha ampliado não estivessem ao alcance de Darwin. Saber até que ponto a teoria de Darwin e a teoria de Freud são "boa ciência" é uma questão interessante para a qual, segundo me consta, não há resposta até o momento.

33. Considerações similares, para a geologia, foram feitas por Rich (1948).

Eis os primeiros passos em direção à quantificação: (a) assimilação sistemática da teoria, tal como ela se vê hoje formulada; (b) tentativas sistemáticas para firmar a teoria; (c) seleção dos relevantes mensuráveis para as variáveis da teoria. Até agora, nenhuma tentativa de quantificação chegou a dar esses passos. A maioria dos estudiosos que tentou confirmar ou refutar as relações postuladas pela teoria psicanalítica não se deu conta da *natureza* das relações que devem ser submetidas a teste e das variáveis que comparecem nestas relações.

Parece que fizemos um triste retrato da teoria e uma sumária condenação dos estudiosos que tentaram examiná-la. Não pretendemos pintar retratos tristes nem condenar estudiosos. Nossa visão está perturbada pelo rápido desenvolvimento das novas ciências do nosso tempo. O rápido desenvolvimento da Bioquímica e da Biofísica tornou-se possível porque tinham bases sólidas da Física e Química de vários séculos. Alguns psicólogos tendem a ligar a Psicologia a estas ciências *agora*, na expectativa de um desenvolvimento espetacular. Outros são mais pacientes. Não deploram o estado em que se acha a teoria e não condenam os estudiosos. No seu entender, tais dificuldades são fenômenos que se manifestam num estágio muito primitivo do desenvolvimento de uma ciência. A observação clínica mostra que a informação consciente não elimina sintomas enraizados em forças inconscientes e que a intenção consciente não é, geralmente, substitutivo para a falta de motivação inconsciente. É conveniente lembrar, ainda, que a sofisticação metodológica, tomada por empréstimo, ainda que possa, de algum modo, ajudar o desenvolvimento da Psicologia, não está em condições de contornar o longo e demorado processo pelo qual todas as ciências já passaram. O processo de desenvolvimento que provoca a conexão entre os observáveis e as teorias também é sempre vagaroso[34]. A sofisticação metodológica e a quantificação são produtos tardios de qualquer ciência e, assim, deveriam ser metas a alcançar a longo prazo: confundi-las com alvos passíveis de alcançar em prazos curtos é erro capaz de tornar uma ciência impotente.

34. Temos uma idéia das razões pelas quais o processo é tão lento. Se a lógica, a metodologia e a matemática fossem os elementos determinadores do ritmo de desenvolvimento das ciências, esse desenvolvimento também seria rápido, na área da Psicologia. O que marca o ritmo de desenvolvimento não é, porém, a metodologia, mas a capacidade inventiva do homem. ("Projetos de desenvolvimento", "programas de impacto" e "equipes interdisciplinares" atuam efetivamente quando se trata das ciências desenvolvidas ou quando se trata de situações em que a melhor opção é o paliativo das ignorâncias conjugadas.) A metodologia, por lidar com relações conceituais – todas potencialmente legítimas – pode prosseguir sua caminhada, indefinidamente, erigindo sempre novos "castelos de areia". Mas a invenção humana consiste em eventos descontínuos, cada um exigindo longa gestação, pois nela o pensamento de uma pessoa deve enfrentar os padrões da natureza – e só importam, em verdade, aqueles raros momentos em que um padrão peculiar de pensamento individual se ajusta, efetivamente, a um definido padrão natural. Se o ajuste não é específico e preciso, ou se o indivíduo não está habilitado para reconhecer que houve esse ajuste ou, ainda, se o indivíduo, embora reconheça o ajuste, não está capacitado a fazer uso dele, o momento se perde.

6. ORGANIZAÇÃO FORMAL

As exposições da teoria psicanalítica têm sido mais informais que sistemáticas; na maioria das vezes visam a coerência interna da teoria e a compatibilidade entre os observáveis e a teoria. Nos últimos vinte anos foram feitas tentativas de formulação sistemática[35], mas não se vislumbra, ainda, uma formulação em termos de sistema hipotético-dedutivo.

35. Ver Bibring (1941), Fenichel (1945), Glover (1947), Hartmann (1939a), Hartmann e Kris (1945), Hartmann, Kris e Loewenstein (1946), Rapaport (1951a, 1951b, 1953c).

2. A Estrutura do Sistema

Com a finalidade de discutir as variáveis sistemáticas independentes, intervenientes e dependentes da teoria psicanalítica, parece necessário fornecer um esboço da estrutura da teoria.

A. O ASSUNTO DA PSICANÁLISE É O COMPORTAMENTO (PONTO DE VISTA EMPÍRICO)

Esta proposição tem sido freqüentemente ignorada, provavelmente porque a teoria ressalta os aspectos dinâmicos e econômicos, os processos inconscientes e os impulsos, e as estruturas psicológicas, obscurecendo o fato de que ela concebe esses itens como conceitos usados com o fim de explicar o comportamento.

Nesta teoria, o comportamento é definido em termos amplos e inclui sentimento e pensamento, bem como comportamento "aberto", "normal" e ainda "patológico", ou seja, comportamento comum e também formas específicas de comportamento. Esse corolário também tem sido ignorado, provavelmente porque a literatura psicanalítica enfatiza o "comportamento latente" e a patologia, que serviram de pontos de partida para a teoria.

Na verdade, só depois do principal estudo de Hartmann (1939a) se chegou a afirmar explicitamente que a Psicanálise é uma psicologia geral que abrange o estudo do comportamento normal, bem como do patológico[1], embora o princípio da *determinação psicológica radical de todo comportamento* tenha sido, desde o início, a pedra

1. É digno de nota que o manuscrito de Freud recentemente descoberto (1887-1902, Apêndice), que é predecessor da teoria da Psicanálise, tenha o alcance de uma psicologia geral.

fundamental da teoria psicanalítica, após ser claramente enunciado por Freud, em 1904.

Assim, apesar das aparências em contrário, a Psicanálise não difere de outras teorias quanto à visão que tem do objeto da psicologia (embora defina o comportamento de modo mais amplo do que a maioria dessas outras teorias), nem difere delas ao aceitar o determinismo (embora provavelmente o tenha acolhido mais cedo e de modo mais amplo). Contudo, a Psicanálise difere das outras psicologias ao pressupor o determinismo *psicológico,* e ao enfatizar o "comportamento latente", em geral, e os determinantes inconscientes do comportamento, em particular (ver abaixo, neste capítulo, secção E).

B. O COMPORTAMENTO É INTEGRADO E INDIVISÍVEL: OS CONCEITOS ELABORADOS PARA A SUA EXPLICAÇÃO FAZEM PARTE DE DIVERSOS COMPONENTES DO COMPORTAMENTO E NÃO A COMPORTAMENTOS DIVERSOS (PONTO DE VISTA GESTÁLTICO)

Na linguagem clínica (e mesmo nos escritos teóricos) da Psicanálise, os conceitos explicativos são antropomórficos, reificados, ou, na melhor das hipóteses, apresentados em termos existenciais, dando a impressão de que se referem a entidades, ou, pelo menos, de que cada um deles se refere a um comportamento específico. Mas isso não é condizente com a teoria. A tendência para o antropomorfismo e a reificação e a preferência por construtos hipotéticos deriva, provavelmente, da prática clínica, onde há um lugar especial para a "plausibilidade" e "aplicação diária simplificada" dos conceitos.

Em termos concretos: nenhum comportamento pode ser descrito como comportamento do id ou do ego, ou como um comportamento consciente. Estes conceitos se referem a aspectos específicos dos comportamentos e não a comportamentos específicos. Cada comportamento possui componentes conscientes, inconscientes, do ego, do id, do superego, da realidade, etc. Em outras palavras, todo comportamento é multiplamente determinado (sobredeterminação). Uma vez que o comportamento sempre admite múltiplos aspectos (e mesmo a aparente ausência de certos aspectos requer explicações), a concepção de múltiplas determinações (ou sobredeterminação) deve ser vista como simples conseqüência formal desse método de conceitualização. Isso não elimina, é claro, a possibilidade de que a concepção de sobredeterminação também seja exigida pela natureza das observações; de fato, a *sobredeterminação,* como um conceito, foi originalmente introduzida (Breuer e Freud, 1895, pp. 156, 219) por alusão à observação[2], e não com bases puramente teóricas. Desde

2. Por exemplo, quando um indivíduo atende a uma sugestão pós-hipnótica de fechar uma porta e explica que o fez por causa da convocação (Erickson, 1939), então sua ação é determinada tanto pela sugestão hipnótica, de que não tem consciência, quanto pela sua intenção consciente de escapar da convo-

a primeira fase da teoria psicanalítica, as observações tornaram o conceito de sobredeterminação necessário e central. As psicologias acadêmicas não desenvolveram conceito análogo, provavelmente porque seus métodos de investigação tendam a excluir mais do que a exibir a múltipla determinação. Mas elas não escapam ao problema: cada fenômeno comportamental tem componentes de percepção, de aprendizado (memória), tem componentes conceituais (cognitivos), motores, etc.; e as teorias psicológicas rivais (teoria perceptiva da cognição, teoria do aprendizado da percepção, teoria motora do pensamento, etc.) mostram tanto a presença do problema quanto a confusão que resulta quando se deixa de encarar o problema diretamente[3].

Esta proposição psicanalítica tem conseqüências que se acham além e acima da indivisibilidade do comportamento, da qual se originam as considerações a respeito da sobredeterminação. Ela exige que cada um dos aspectos conceitualmente diferenciados do comportamento, assim como o contexto espacial e temporal do comportamento, sejam tratados como um todo integrado. Mas não precisamos insistir mais neste ponto: ele parece coincidir com o postulado geral da psicologia da Gestalt.

C. NENHUM COMPORTAMENTO PERMANECE ISOLADO: TODO COMPORTAMENTO É TAL QUE SE TORNA COMPORTAMENTO DA PERSONALIDADE INTEGRAL E INDIVISÍVEL (PONTO DE VISTA ORGANÍSMICO)

Essa tese requer que a explicação de qualquer comportamento

cação. Dr. A. B. Wheelis (São Francisco) sugeriu (em comunicação pessoal) que há distinção entre sobredeterminação, determinação múltipla e múltiplos níveis de análise, que depende de saber se os determinantes são *causas independentes* e *suficientes* do comportamento em questão (sobredeterminação) ou não (determinação múltipla). Parece, entretanto, que na teoria psicanalítica nem a *independência* nem a *suficiência* de causas pode ser demonstrada ou talvez mesmo definida. O fato de que escapar da convocação seria, em outras condições, uma causa suficiente para fechar a porta não a torna uma causa suficiente na situação pós-hipnótica. A questão da "independência" das causas é uma questão de *autonomia* (ver secção H, a seguir). Sobredeterminação, no meu entender, implica precisamente tal falta de *suficiência* e *independência* de causas e está inseparavelmente ligada aos múltiplos níveis de análise que esta situação requer. J. Zsoldos (Maabaroth, Israel) sugere (comunicação pessoal) que a questão da "sobredeterminação" aparece inesperadamente onde "sistemas (sensitivos) fracos" estão expostos a forças esmagadoras; sugere que, sob tais condições, não vigem relações funcionais simples; e que uma análise quantitativa só é possível em termos estatísticos. Assim, tais "sistemas fracos" admitem apenas estatísticas, mas não "leis". Esta sugestão parece implicar que a questão da sobredeterminação é contraparte psicológica do conflito entre a teoria de Einstein e a teoria da física atômica atual. A teoria psicanalítica da sobredeterminação, tal como está – se eu a entendo corretamente – implica em leis e não em estatística. Parafraseando Einstein, "O bom Deus não joga dados" – nem mesmo nesta teoria. Todavia, a possibilidade de uma interpretação estatística da sobredeterminação deve permanecer aberta, mesmo que relutantemente. Uma interpretação estatística específica manipulável seria preferível a uma interpretação que admite a existência de leis mas não especifica quaisquer regras implicativas e não permite, pois nem confirmação nem refutação.

3. "Teorias de campo" devem ser entendidas como tentativas de resolver este problema.

se ajuste à teoria da atuação de uma personalidade total[4]. A mais direta apresentação dessa tese, feita por Freud, acha-se, provavelmente, nos trechos em que fala dos sonhos. No momento em que desenvolveu a teoria dos sonhos, Freud levantou a seguinte questão: que tipo de teoria da personalidade pode-se incorporar a teoria dos sonhos? No capítulo VII do livro *A Interpretação dos Sonhos* iniciou a construção do quadro de referência de uma tal teoria da personalidade (1900, pp. 469, 470, 485-486).

Contudo, essa implicação da teoria psicanalítica também foi ignorada por muitos psicanalistas e psicólogos, provavelmente por terem enfatizado o papel central dos impulsos, o que fez parecer ao psicanalista que os impulsos fundamentais bastariam para garantir a unidade do comportamento e da personalidade, e deu ao psicólogo a impressão de que, nesta teoria, os fragmentos do comportamento, "atomisticamente" concebidos, seriam mantidos juntos somente pela "cola" do conceito de impulso. O papel organizador, integrativo, do processo secundário (1900), entretanto, fala eloqüentemente contra essas duas posições (pp. 533-536) e o "ponto de vista estrutural" (ego, id, superego, etc.) que claramente incorpora outros princípios de coesão além dos impulsos (Freud, 1923, pp. 15-18; ver também Nunberg, 1931; e Erikson, 1954), deveria ter provocado o abandono de tais concepções erradas. Mas não o fez.

Não há dúvida de que é fácil encontrar, em Freud, passagens que sugerem a interpretação atomística, mas a teoria não autoriza tal interpretação. French (1941, 1951, 1952, 1954) devotou seu principal trabalho à tarefa de exibir o papel do campo integrativo nas considerações psicanalíticas. Os estudos psicanalíticos da psicossomática abarcaram a visão organísmica de Goldstein, dando-a como "consistente" com a Psicanálise. As técnicas projetivas, que se desenvolveram sob o impacto das concepções psicanalíticas, tomaram emprestado, da Psicanálise, o postulado projetivo (Rapaport, 1942b, 1946), segundo o qual todo comportamento faz parte e é característico da personalidade comportamental. Apesar disto, essa conseqüência da Psicanálise parece tão remota que French (1933) (antes de seu contato com Kurt Lewin) e, mais tarde Mowrer (1950), e também Dollard e Miller (1950), acharam viável ligar a Psicanálise à resposta-condicionada atomística da teoria do aprendizado.

O que esse ponto de vista organísmico afirma não é que cada

4. Pode ser objetado que Freud não formulou *explicitamente* o ponto de vista organísmico, e que apenas os biologistas organísmicos (junto com Wertheimer, Goldstein, e Wheeler) chegaram a ele. Mas nossa tarefa, aqui, não se limita a transcrever as formulações sistemáticas explícitas de Freud. O reconhecimento da tese organísmica da Psicanálise é mais importante, pois a psicologia da Gestalt e as psicologias de caráter personalista entendiam a Psicanálise como teoria atomista e mecanicista. Wertheimer falou veementemente sobre isso em suas aulas e conversas; e G. Allport (1947) manifestou-se sem rodeios em seus escritos. Em que pese a atitude contrária de muitos psicanalistas práticos no que concerne a símbolos, interpretações de sonhos, etc., essa tese parece ser uma implicação básica da teoria de Freud.

comportamento seja um microcosmo que reflete o macrocosmo da personalidade, mas que uma explicação de comportamento, reclamando qualquer espécie de completude, deve especificar seu lugar no quadro funcional e estrutural da personalidade total, e, por isso, deve incluir afirmações sobre o grau e a espécie de envolvimento, no comportamento em tela, de todos os aspectos relevantes conceitualizados da personalidade.

D. TODO COMPORTAMENTO É PARTE DE UMA SEQÜÊNCIA GENÉTICA E, ATRAVÉS DE SEUS ANTECEDENTES, É PARTE DAS SEQÜÊNCIAS TEMPORAIS QUE DERAM ORIGEM À FORMA ATUAL DA PERSONALIDADE (PONTO DE VISTA GENÉTICO)

Essa tese acarreta que todo comportamento é um produto epigenético (Erikson, 1940) e, assim, pode e deve ser estudado geneticamente para ver-se totalmente explicado (Hartmann e Kris, 1945). Contudo, isso não quer dizer nem que o comportamento nasce da "maturação" de um repertório comportamental pré-formado, nem que os comportamentos "se desenvolvem" a partir da acumulação de experiências; quer dizer, ao contrário, que o comportamento é visto como o produto de um curso epigenético, regulado tanto por leis inerentes do organismo quanto por experiências acumuladas.

O ponto de vista genético *não* entra em conflito com a insistência de Kurt Lewin de que somente as forças e condições que estão presentes *aqui* e *agora* podem, no aqui-e-agora, exercer suas ações[5]. Afirma simplesmente que muito do que "existe" aqui e agora no indivíduo só pode ser conhecido através de uma exploração genética dos antecedentes. Isto acarreta que comportamentos descritivamente idênticos podem diferir na sua importância psicológica, dependendo de suas raízes genéticas. Também acarreta que a relevância empírica de um comportamento para uma situação na qual ocorre não é, *per se,* suficiente para explicá-lo e que a explicação deve também levar em consideração as leis epigenéticas que provocaram o comportamento. Na verdade, é estranho que Kurt Lewin criticasse o ponto de vista genético, quando ele, mais do que qualquer outro psicólogo, salientou a distinção entre o genótipo e o fenótipo, criticando agudamente o uso de conceitos de realização. Ele formulou o seguinte exemplo: idênticas velocidades de datilografia, em candidatos a um trabalho, fornecem informação insuficiente, pois podem ser produtos do máximo empenho ou de simples rotina; podem indicar pico de eficiência ou mera falta de treino; podem indicar treinamento recente ou nível de atuação já estabelecido (Lewin, 1926a, pp. 89-91). Devemos

5. Nem conflita com o ponto de vista de K. Lewin (1937) e Chein (1947) de que o passado reconstruído pelo paciente, na Psicanálise, é o passado como ele o vê no presente.

concluir que sem a exploração dos antecedentes genéticos, um comportamento só pode ser descrito em termos de conceitos de realização.

O ponto de vista genético se reporta à história dos processos impulsivos que se expressam em um dado comportamento, à história das estruturas (*e.g.*, aquelas correspondentes às "habilidades") que são usadas e à história da relação que o indivíduo mantém para com a situação na qual o comportamento ocorre. Um exemplo das distinções feitas aqui: um ataque súbito de gagueira, que é provocado por uma defesa contra um impulso agressivo. Uma exploração genética levará em consideração aquelas experiências passadas, e as estruturas de controle por elas cristalizadas, que modulam o desenvolvimento do impulso agressivo e, assim, gerando o poder de estimular a agressão a situações como a que despertou, nesse instante, a cólera do indivíduo. Também considerará as experiências passadas que levaram à defesa contra a agressão em geral ou contra aquele particular tipo de agressão que se manifestou na situação dada. Extender-se-á àquelas experiências passadas que tornaram os caminhos verbais para a expressão da raiva particularmente vulneráveis à defesa e àqueles acontecimentos passados que deram forma ao gaguejar, ou seja, à forma que a defesa tomou nesta situação. Em cada um destes casos, a experiência denota o evento histórico em seu cenário externo e a situação interna do indivíduo, incluindo a fase específica da sua maturação e desenvolvimento.

Embora o ponto de vista genético não se refira especificamente à determinação contextual (espacial-temporal) do comportamento, ele acarreta a determinação contextual. Além disso, refere-se especificamente ao contexto intrapsíquico: ao estado momentâneo da personalidade como um todo e como um produto genético.

O caráter genético da teoria psicanalítica é ubíquo na literatura. O conceito de "séries complementares"[6] é provavelmente a melhor expressão disto: cada comportamento é parte de uma seqüência histórica, delineada pela experiência e por leis epigenéticas (Freud, 1905b), Sumário; Rapaport, 1957b); cada passo, nesta seqüência, contribui para a formação do comportamento e mantém relações dinâmicas, econômicas, estruturais e contextuais adaptativas com o comportamento. Tais séries complementares não constituem uma "regressão infinita": levam a uma situação histórica na qual foi conseguida, pela primeira vez, uma solução particular para uma exigência impulsiva; ou um aparato particular recebeu, pela primeira vez, determinada espécie de uso (ver Hartmann e Kris, 1945).

Mas essa formulação é incompleta porque não leva em conta aquelas observações às quais se refere o conceito de autonomia (Hartmann, 1939a, 1950; Rapaport, 1958b). Alguns comportamentos deixam de (todos tendem a deixar de) ser delineados pela sua repetição:

6. *Erganzungsreihe;* ver Freud (1917b, Leitura 21) e Fenichel (1945), p. 121 e ss.).

tornam-se automáticos (Hartmann, 1939a) e relativamente autônomos de suas raízes genéticas; adquirem caráter instrumental e atingem alto grau de estabilidade. Contudo, a automatização e a autonomia não se traduzem apenas em estabilidade, mas ainda em disponibilidade do comportamento, na condição de meio de adaptação. Os comportamentos automáticos também podem ser estudados geneticamente, mas a partir do momento em que se tornam automáticos, suas "séries complementares" são relativamente pouco esclarecedoras porque, desse momento em diante, a situação e o contexto podem fazê-los atuar, mesmo na ausência das motivações que originalmente os deflagraram. Na secção H (deste capítulo) retornaremos aos conceitos de autonomia e automatização. São semelhantes ao conceito de "hábitos como impulsos", devido a Woodworth (1925, p. 100 e ss.) e ao conceito de autonomia funcional formulado por Allport (1937; 1935-47, p. 76 e ss.); mas são mais específicos e mais diferenciados do que qualquer dos dois.

A Psicanálise, como uma psicologia genética, examina as raízes genéticas dos comportamentos, o grau de autonomia alcançado pelo comportamento, e as raízes genéticas da relação do indivíduo com as condições de realidade que codeterminam o aparecimento de um comportamento, em um dado momento da vida pessoal. A primeira apresentação formal, do ponto de vista genético na Psicanálise, porém é a de Rapaport e Gill (1959).

E. OS DETERMINANTES CRUCIAIS DO COMPORTAMENTO SÃO INCONSCIENTES (PONTO DE VISTA TOPOGRÁFICO)

Essa tese, *per se,* não é estranha a qualquer psicologia, e não o é, particularmente, para aquelas psicologias que excluem todos os fenômenos da consciência de seu campo de estudo, e *precisam*, pois, admitir que os determinantes do comportamento são extraconscientes. Todas as psicologias examinam condições "não notadas" pelo sujeito e processos "não notados" (ou "não passíveis de serem notados"), subjacentes ao comportamento do sujeito. A tese psicanalítica da determinação inconsciente, porém, difere (Freud, 1900, pp. 543-544; 1912), sob vários prismas, desses aspectos: (1) a tese psicanalítica conceitualiza, explicitamente, aquilo que é notado (ou não é passível de ser notado) (Freud, 1912); (2) a tese psicanalítica afirma que o não notado (ou o não passível de ser notado) pode ser inferido a partir daquilo que *é* notado pelo sujeito (e/ou pelo observador), por meio dos efeitos que o notado e/ou o passível de ser notado exerce sobre o que é notado (1904); (3) assevera que as regras que governam o *notado* são diferentes das regras que governam o *não notado* e que o não notado pode ser inferido considerando os desvios – em relação aos padrões usuais – do que é notado (1915c, pp. 118-122); (4) estabelece uma sistemática diferente entre o *não notado* e o *não passível de ser notado* (o *não notado* pode tornar-se consciente; ao passo que o *não passível de ser notado*, não pode, por definição, tornar-se consciente); a tese psicanalítica expressa a distinção por meio dos termos inconsciente "descritivo" *vs* "dinâmico", conceitualizando-a em termos da distinção entre sistemas *pré-conscientes* e *inconscientes* (1900, pp. 543-544); (5) enquanto outras psicologias tratam o não passível de ser notado em termos não-psicológicos (campos cerebrais, conexões neurais, etc.) a Psicanálise o trata, coerentemente, com termos psicológicos das motivações, dos afetos, dos pensamentos, etc.

As diferenças entre as leis que governam o Consciente e aquelas que governam o Inconsciente estão expressas no conceito de processos primário e secundário[7]. Nas primeiras fases da teoria o Consciente e o Inconsciente foram considerados sistemas de máxima significância. Mais tarde (1923), viram-se subordinados à concepção estrutural do id-ego-superego; e mais tarde ainda (1938), passaram a ser vistos como "qualidades"[8]. Mantendo-se próximas das formulações iniciais de Freud (Breuer e Freud, 1895; Freud, 1900), as recentes contribuições para a psicologia do ego consideram a consciência como um órgão de sentido superior. Atribuem-lhe complexos níveis hierárquicos (estados de consciência) (Rapaport, 1951a, 1951e, 1957a), e trabalham com ele num nível de abstração diferente daquele associado ao consciente.

F. OS DETERMINANTES ÚLTIMOS DE TODO COMPORTAMENTO SÃO OS IMPULSOS (PONTO DE VISTA DINÂMICO)

Esta tese da Psicanálise tornou-se bem conhecida de uma forma duplamente distorcida: todo comportamento é determinado pelo sexo. O qualificativo "último" foi omitido, e sexo, libido, impulso e psicossexualidade foram igualados. É verdade que, até há bem pouco tempo, os impulsos mais profundamente estudados pela Psicanálise eram os impulsos sexuais e seus impulsos parciais. Mas "psicossexualidade" foi definida de uma forma tão ampla que deixou de ser sinônimo de "sexo" (Freud, 1905b). Os instintos de autopreservação e os instintos do ego também foram discutidos muito cedo por Freud (Freud, 1905b, 1914b, 1915a, 1917b), mas viram-se abandonados, posteriormente, ao notar-se que pequena serventia apresentavam para uma apropriada organização da evidência empírica. A história da teoria dos impulsos (narcisismo, vicissitudes instintivas, instintos de vida e de morte, a teoria monista dos impulsos, impulsos agressivos) sugere que a ênfase inicialmente dada aos impulsos permitiu a Freud explorar a natureza dos impulsos e o seu papel motivador (1915a), sem, contudo, delinear a própria teoria dos impulsos (Bibring, 1941). A despeito de alguns avanços recentes (Hartmann, 1948; Hartmann,

7. A relação do Consciente *vs.* Inconsciente para com processos primário *vs.* secundário não é, entretanto, uma coordenação biunívoca.

8. A secção B, 3, *a* (no Capítulo 1) apresenta, sob um outro ângulo, a matéria aqui discutida.

Kris e Loewenstein, 1949), ainda não está clara a questão de saber quantos e que tipos de impulsos devem ser postulados.

O papel fundamental atribuído aos impulsos libidinais não é uma necessidade teorética neste sistema. Parece decorrer de duas das maiores conquistas de Freud: a idéia da determinação do comportamento pelos impulsos e a observação da sexualidade infantil. O fato de que a teoria associou estes dois elementos precocemente pode ter retardado uma completa avaliação do papel dos impulsos libidinais na vida psicológica.

A sexualidade infantil foi uma descoberta empírica feita pelo método da reconstrução psicanalítica e verificada pelo método da observação direta de crianças e lactentes. Embora tenha tido origem em observações empíricas, adquiriu importância sistemática porque forneceu o protótipo da concepção psicanalítica do desenvolvimento dos impulsos (Freud, 1905b).

O princípio mais amplo da determinação dos impulsos foi uma descoberta tanto empírica quanto conceitual. A descoberta empírica incorpora, além de seus aspectos inovadores, duas observações familiares: (1) o comportamento nem sempre é desencadeado por estímulos externos, mas freqüentemente ocorre sem eles, como que espontaneamente; (2) o comportamento (que, por imposição científica, é casualmente determinado), revela direção para um objetivo, ou seja, tem um propósito, um caráter teleológico. A descoberta conceitual, que tomou a forma da definição do conceito de impulso, foi a primeira tentativa em larga escala de ter em conta estas duas observações simultaneamente. O impulso é definido como um agente causal inerente ao organismo (Freud, 1915a, p. 64), e que pode, portanto, explicar a aparente "espontaneidade" do comportamento. Além disso, uma vez que a definição torna a eficácia do impulso dependente de uma condição ambiental (a saber, a presença do objeto de impulso), ela pode, ainda, explicar a intencionalidade do comportamento. A coordenação do impulso com o objeto de impulso — que se admite assegurada pela evolução — tolera pouco, de início, se é que tolera, as atividades-meio e exige imediata resolução (princípio do prazer). Com o decorrer do tempo, a coordenação torna-se mais flexível e parmite as demoras ou as interpolações das atividades-meio, embora as selecione e organize visando a resolução, ou consumação. Mais tarde, a citada coordenação autoriza a presença de objetivos substitutivos e abre margem para uma ampla variedade de atividades-meio e atividades-fim. Na última fase, determina apenas o comportamento-fim, fornecendo nada mais que o quadro motivacional do comportamento instrumental (comportamento-meio). Essa concepção da motivação explica não só a espontaneidade e a teleologia do comportamento, mas, ainda, o comportamento provocado por estimulação externa — uma vez que este último pode ser entendido em termos de objetos de impulso ou de substitutos para tais objetos.

Se as teorias psicológicas podem ser divididas em duas classes, conforme considerem a psique humana uma *tábula rasa* na qual se inscreve a experiência ou uma organização de realidades e potencialidades que limita e regula a extensão e espécie de mudanças que a experiência possa concretizar, então a concepção de impulso certamente pertence à segunda classe. Nos sistemas filosóficos, essa distinção é comparável à distinção que se estabelece entre Hume e Kant (ver Allport, 1955; Piaget, 1936, 1950; Rapaport, 1947). Em termos psicológicos a distinção é comparável, por exemplo, à concepção de registro passivo de experiência *versus* organização ativa desta experiência, uma distinção que envolve a controvérisa natureza-aprendizado. A Psicanálise foi uma das primeiras teorias a reconhecer a interação entre natureza e aprendizado, no desenvolvimento do comportamento. Os impulsos representam o fator "natural"; e suas variações, com o transcorrer da experiência, representam a interligação entre natureza e aprendizado. Além disso, a coordenação do impulso com o objeto de impulso expressa uma conexão primária, dada pela evolução, entre a natureza humana e seu ambiente – transformando-se, pois, numa representação psicológica da adaptação biológica das espécies ao seu ambiente, ao seu nicho ecológico.

Por fim, chegamos à "determinação última do comportamento pelos impulsos". Encontramo-nos diante de problemas análogos àqueles que enfrentamos ao estudar o "ponto de vista genético". A Psicanálise sustentou, em seus primórdios, sem reservas, a tese da "determinação última dos impulsos". Todavia, a crescente evidência em favor da "indivisibilidade do comportamento" levou os estudiosos a compreender que o comportamento, na medida em que possa ser dado como algo que se vê determinado pelos impulsos, também deve ser visto como algo determinado por defesas e/ou controles. Acresce que, em função do desenvolvimento da psicologia do ego, a questão sofreu um deslocamento: não se tratava mais de saber qual dos elementos seria *o* determinante último do comportamento; tratava-se de saber sob que prisma e em que medida *cada* elemento seria determinante de um dado comportamento (ver Waelder, 1936). Ao cabo, foram encontrados comportamentos em que a determinação impulsiva estava ausente. Isso conduziu ao conceito de autonomia do ego (ver a secção H, neste capítulo).

Assim, a tese da determinação última do comportamento pelos impulsos, conquanto legítima na área da Psicanálise, deve ser examinada no contexto das demais teses aqui discutidas – que a restringem e lhe dão alcance limitado. Noções como a de fusão de impulsos, diferenciação de impulsos (separáveis em impulsos parciais), conflito, e assim por diante, são noções que se incorporam ao ponto de vista dinâmico e que indicam limitações a impor sobre a idéia da determinação última pelos impulsos.

G. TODO COMPORTAMENTO VALE-SE DE E É REGULADO POR ENERGIA PSICOLÓGICA (PONTO DE VISTA ECONÔMICO)

Essa tese também tem sua história. Na primeira fase da teoria psicanalísitca (teoria da ab-reação, que se desenvolveu até 1898 [ver Freud, 1887-1902]), a energia psicológica foi equiparada aos afetos e as "defesas" que impediam as ab-reações não se viam concebidas em termos econômicos (Breuer e Freud, 1895; Freud, 1900). Na segunda fase (1900 a 1926), a energia psicológica foi concebida como energia impulsiva e os métodos usados em sua descarga foram concebidos como processos primários. Reconheceu-se que outros processos (secundário), usando quantidades mínimas de energia, têm uma função reguladora que atua sobre aqueles que liberam energias impulsivas (Freud, 1900, especialmente Cap. VII; 1911b, 1915b, 1915c, 1916b, 1917a). A relação entre estas duas espécies de processos foi concebida como a relação que hoje se descreve para estabelecer um liame entre energia e informação, em termos de engenharia (ver Wiener, 1948, pp. 53-56; Rapaport, 1950a). Nesta fase, entretanto, pouca atenção foi dada à natureza e à origem do processo secundário. Na terceira fase (depois de 1926) compreendeu-se um pouco melhor o processo secundário, as suas bases congênitas e a progressiva transição ontogênica do processo primário para o processo secundário (Freud, 1926, Cap. VIII, especialmente pp. 82, 112-117; ver também Rapaport, 1953c).

Todos os comportamentos têm aspectos dos processos primário e secundário, embora um ou outro possa predominar. O processo primário opera com energias impulsivas e seu princípio regulador é a tendência para a redução da tensão (princípio do prazer)[9]: orienta-se para descarga imediata de energia acumulada, através de um caminho direto e pelos mecanismos de deslocamento, condensação, formação substitutiva, simbolização. O processo secundário opera pelo princípio da menor ação, orienta-se para a realidade objetiva e encontra, através de atrasos e desvios, por meio de ação experimental, realizada no pensamento, o caminho mais seguro para atingir, na realidade, o objeto almejado, suspendendo a descarga da energia do impulso até que o objeto seja encontrado (Freud, 1900, pp. 533-536; 1911b).

No decorrer do desenvolvimento, surgem estruturas que se dispõem hierarquicamente (defesas e controles) e que atuam como "diques". Estas não só retardam ou impedem a descarga, mas também reduzem a tendência dos impusos de efetuarem descargas imediatas. Estas estruturas são concebidas como algo construído por energias "de ligação", destinando-se a elevar os limiares originalmente fixados das descargas impulsivas (Freud, 1900, pp. 533-534; 1915b, 1915c). Seu efeito de redução das tendências dos impulsos para uma descarga imediata é concebido como "neutralização"; exemplos especiais dessa neutralização seriam concebidos por deslibidinização, desagressivização ou sublimação (Freud, 1923, pp. 61-65; Kris, 1950b; Hartmann,

9. Não discutiremos aqui a distinção entre níveis "ótimos" ou "máximos" de tensão. Este último corresponde ao "princípio do Nirvana" (associado ao "instinto de morte") – um adendo especulativo que parece não ser parte integrante da teoria. Ver Freud (1920), Fenichel (1935), e Hartmann, Kris e Loewenstein (1949).

1955). Estes processos de ligação e neutralização põem as catexes (hipercatexes, catexes de atenção) ao alcance dos processos secundários, para serem usadas em pequenas quantidades, na ação experimental efetuada no pensamento (Freud, 1911b, p. 16), como sinais na forma de afetos (Freud, 1900, p. 536; e 1926), e como contracatexes (contra-impulsos) para a construção de novas estruturas defensivas e para reforço de estruturas defensivas já existentes. Uma vez admitido um processo de "neutralização", a dicotomia original de processos primários e secundários produz um modelo de hierarquia no qual os dois processos representam extremos teóricos e os fenômenos realmente observados representam formas intermediárias (Kris, 1950b; Rapaport, 1951a, *e.g.*, p. 536). As energias de graus menores de neutralização (impulsos derivados) mostram características de sua origem nos impulsos ao passo que as energias de graus mais elevados não apresentam características reveladoras da origem nos impulsos, colocando-se à disposição do ego[10]. As fontes de energias neutralizadas, diferentes dos impulsos, também são compatíveis com a teoria (Hartmann, 1950, pp. 86-87; 1952, p. 21).

Estas energias psicológicas não são equiparadas a qualquer espécie conhecida de energia bioquímica. Elas não correspondem à energia muscular despendida num comportamento evidente. As diferenças na qualidade (mobilidade *vs.* grau de neutralização) da energia psicológica[11] estão em correspondência com as diferenças observadas entre pensamentos latentes (*e.g.* obsessões) e pensamentos passageiros (*e.g.*, reflexão lógica), entre ações impulsivas ou compulsórias e ações que dependem de escolha. Há uma similaridade conceitual óbvia entre as energias de Freud e as tensões de Kurt Lewin, e entre os impulsos e objetos de impulso de Freud e as forças e valências objetais de K. Lewin, embora também existam diferenças significativas entre esses elementos. São semelhantes na medida em que não se expressam em fórmulas matemáticas através das quais a Física expressa seus conceitos de energia; sem embargo, são referentes de fenômenos que parecem governados por leis de trocas de energia — conservação, entropia[12], menor ação. (Todavia, nem se afirma nem se nega a possibilidade de uma eventual descoberta de intercâmbios de energias bioquímicas que se venham a pôr em correspondência com intercâmbios de energia psicológica, deduzidos a partir do comportamento, através da Psicanálise.) Aqueles elementos diver-

10. Enquanto o ego constrói defesas novas ou usa as já existentes contra impulsos derivados de neutralização baixa, pode fazer uso de derivados de alta neutralização, pois pode lidar com eles por meio de seus controles. Esta diferença parece ser semelhante à diferença entre tudo-ou-nada *vs.* processos graduais.

11. Falar sobre a "qualidade" de energias não contradiz o fato de que a energia é um construto quantitativo. A Física também fala de espécies diferentes de energia: calor, luz, etc. Mas em psicologia ainda não temos equações de transformações para expressar as relações quantitativas destas qualidades entre si.

12. A validade do ponto de vista econômico não é afetada pela concepção (de von Bertalanffy) relativa aos "sistemas abertos" (1950).

gem, em particular, porque os conceitos de Lewin não explicam as diferenças qualitativas aqui discutidas.

Do ponto de vista da economia de energia do organismo, as trocas de energia psicológica podem ser consideradas como o trabalho de uma rede de engenharia de informação que controla a produção da energia bioquímica do comportamento evidente. Mas essa rede é de múltiplas camadas, de modo a fazer com que menores quantidades de energia controlem as redes que transportam e descarregam maiores quantidades de energia (ver Wiener, 1948). Para discussão mais ampla do ponto de vista econômico, ver Cap. 1, Secção B, 3, b, e Cap. 5, Secção A.

H. TODO COMPORTAMENTO ADMITE DETERMINANTES ESTRUTURAIS (PONTO DE VISTA ESTRUTURAL)

O caminho mais simples para colocar a questão da estrutura é assinalar que as energias impulsivas podem ser concebidas somente dentro de sistemas bem definidos que têm bem delimitados limiares de descarga. A concepção estrutural poderia ter sido exigida por observações concernentes a tais limiares de descarga; e o protótipo do conflito entre impulsos e estruturas poderia ter sido a relação entre impulsos e limiares. Na verdade, entretanto, esta não foi a origem do ponto de vista estrutural, embora a primeira forma neuropsicológica (de 1895) da teoria pudesse permitir tal suposição (Freud, 1887--1902). Recentemente, Hartmann (1939a; ver também 1952) assinalou que não somente os limiares mas também os aparatos do ego, como a memória, a percepção e a mobilidade também são dados estruturais[13]. Mas o ponto de vista estrutural também não se originou nestes dados estruturais.

Observou-se que os impulsos não determinam, sem equívocos, o comportamento, em geral; nem determinam a formação dos sintomas, em particular. Em contraste com os processos relativos a impulsos, cujo índice de variação é elevado e cujo curso é paroxístico, os fatores que se opõem a eles, e codeterminam o comportamento, pareciam invariantes, ou, pelo menos, de baixo índice de variação. A observação destes determinantes relativamente duradouros do comportamento e desses sintomas parece ter sido a base sobre a qual se construiu o conceito de estrutura.

Na primeira fase da teoria (até 1900), a realidade foi considerada como o fator que interferia com os impulsos, através do ego (consciência) em geral e através das suas defesas em particular (Freud, 1894, 1896). Mas este enfoque não alcançou prestígio conceitual

13. Os dados estruturais em questão não são as locomoções, nem os órgãos perceptivos, etc., mas sua regulação psicológica; por exemplo, aquelas estruturas psicológicas através das quais se efetua o controle do aparelho motor ou o início de ação desse aparelho.

na época e foi superado (1900) pela concepção da censura intrapsíquica exercida pelos instintos do ego (autopreservação). Surgiu uma concepção da vida psicológica, vista como um contínuo conflito de forças impulsivas, perdendo-se o caráter de permanência dos fatores de interferência. Nem mesmo a ligação estabelecida entre os conceitos de censura e o processo secundário (Freud, 1900, 1911b, 1915c) permitiu conceber o caráter de continuidade desses dois fatores de controle de impulsos. Pelo contrário, Freud, novamente, de 1911 a 1917, tornou a interessar-se pelo papel da realidade, considerando-a como o fator que interfere com os impulsos e se torna um codeterminante do comportamento. No entanto, Freud ainda atribuía as funções de teste de realidade ao processo secundário *e* aos impulsos do ego (1911b, 1917b). Mas os estudos posteriores da censura (particularmente de sua função repressiva) e dos processos secundários lançou nova luz sobre estes fatores interferentes: eles passaram a ser concebidos como contracatexes, que atrasam a descarga de catexes dos impulsos e que, pelo seu permanente desdobramento, impedem o retorno daquilo que se viu reprimido (1915b, 1915c). Esta idéia de um desdobramento constante das contracatexes é o começo da concepção estrutural.

Uma formulação explícita da concepção estrutural tornou-se necessária quando se percebeu que não somente os impulsos mas também a maioria dos fatores invariantes que interferem com os impulsos são inconscientes (1923). A concepção topográfica, ao situar todos os determinantes fundamentais (impulsos) do comportamento no Incosciente e todos os epifenômenos e "determinantes aparentes" (ego) na Consciência, tornou-se sistematicamente insustentável e foi substituída pela concepção estrutural. A divisão topográfica em sistemas – Inconsciente, Pré-consciente, Consciente – levou à concepção estrutural do id, ego e superego. Os "determinantes últimos dos impulsos" foram concebidos como id; os codeterminantes (conscientes ou não), como ego; e um segmento especializado do ego foi concebido como superego[14]. O id foi concebido como um conjunto de impulsos (coexistentes, mesmo quando contraditórios); mas o ego foi definido como uma organização coesa, cuja função era a de sintetizar as exigências do id, do superego e da realidade (Freud, 1923). O ego foi concebido como uma estrutura que codetermina (junto com os impulsos) cada comportamento e é responsável pela característica organizada e coordenada de todo comportamento, inclusive as específicas ações de descarga impulsiva (*e.g.* intercurso sexual). Mas o ego, visto como estrutura, mostrou-se tão complexo que, mesmo hoje, sua exploração está apenas começando. O reconhecimento da construção estrutural e do papel estrutural das identificações (1923) foi seguido pelo reconhecimento do

14. Destes três principais conceitos estruturais, seguiremos discutindo apenas o ego. O estudo estrutural do id e do superego é ainda tão inadequado, que uma longa discussão a respeito foge ao objetivo deste trabalho.

papel das subestruturas defensivas do ego (1926). Além dessas duas espécies de subestruturas, a psicologia psicanalítica do ego também identificou subestruturas de orientação (perceptual), de processamento (conceitual), e de execução (motora), ao compreender-se que elas são instrumentos, postas ao dispor dos processos do ego (Hartmann, 1939a; Rapaport, 1951c)[15].

No início, a teoria psicanalítica admitiu que todas as estruturas psicologicamente relevantes surgem da ontogênese. Atualmente, porém, algumas destas estruturas são consideradas como congênitas. Este deslocamento tem duas conseqüências: *primeiro,* que aparatos constitucionalmente dados como a mobilidade, o sistema perceptual, o sistema de memória, os limiares[16], são psicologicamente relevantes; *segundo,* que o ego não surge a partir do id, mas que ambos emergem da matriz indiferenciada comum, da primeira fase extra-uterina da ontogênese (ver Hartmann, Kris e Loewenstein, 1946).

Originalmente, todas as estruturas foram consideradas como relacionadas aos impulsos e conflitos; hoje, porém, admite-se que os sistemas congênitos do ego geram conflitos, como fatores independentes, e que sua função não é primariamente dependente dos impulsos: em vista disso, são chamados *sistemas do ego de autonomia primária* (ver Hartmann, 1939a; ver também Rapaport, 1951c, 1958b). Isso não acarreta que eles não se relacionem aos impulsos. São parte e parcela do sistema que executa as ações impulsivas: são o único meio de ação de que dispõe o organismo. Nem acarreta que estão permanentemente livres de conflito: sob certas condições, os sistemas podem estar e estão, de fato, envolvidos em conflito, como ocorre com o sistema motor nas paralisias funcionais e com o aparato perceptivo, na visão tubular da histeria. Por conseguinte, mesmo os sistemas de autonomia primária são apenas relativamente autônomos, com respeito aos impulsos e aos conflitos. Mas a sua autonomia implica, *primeiramente,* que os impulsos somente desencadeiam sua função, sem determinar seu curso; e implica, em *segundo* lugar, que eles podem agir e efetivamente agem mesmo quando não atentam para a gratificação de um impulso específico. Ainda assim, certas restrições devem ser feitas nesses dois itens; *primeira:* é verdade que o papel dos impulsos em relação a estes sistemas é, preliminarmente, o de desencadear sua função; mas há evidências para atestar que os impulsos também admitem efeitos nos sistemas (*e.g.* os efeitos de motivação na memória [Rapaport 1942a]). *Segunda:* o problema do suprimento de energia destes sistemas (quando não são desencadeados por impulsos) ainda não foi satisfatoriamente resolvido (Hartmann, 1950; Kris, 1950b; e Rapaport, 1951a, particularmente Parte 7). A concepção de Woodworth (1925) de "hábito como instinto";

15. O fato de que certas estruturas do ego (*e.g.*, defesas) tenham representações cognitivas não contradiz a distinção feita aqui entre estruturas defensivas, de um lado, e estruturas cognitivas (de significado), de outro.

16. Ver nota 13, acima.

a de Bühler (1924) do "prazer em funcionamento"; a de Piaget (1936) da "reação circular" e a de Allport (1935-1947), da "autonomia funcional", conduzem ao mesmo problema. As soluções procuradas associaram os impulsos (ou os impulsos parciais) aos sistemas, ou consideram os sistemas como fontes de energia (neutra) do ego, ou, enfim, admitiram que a energia usada é a energia impulsiva neutralizada à disposição do ego.

Inicialmente, a teoria psicanalítica encarou as estruturas que nascem no curso da ontogenia como oriundas de conflito – isto é, defensivas. Já que as defesas são centrais para a terapia psicanalítica, elas são as estruturas mais amplamente estudadas e isso dá a impressão de que todas as estruturas são oriundas de conflitos e de que todos os controles são defesas. Embora o papel das identificações, na construção das estruturas do ego, tenha sido muito cedo reconhecido (Freud, 1923), persiste a tendência de também considerar esta espécie de construção estrutural, como oriunda de conflito. Ainda agora não há esclarecimento teórico em torno deste ponto (ver, contudo, Erikson, 1956b): certas identificações surgem, por certo, de conflitos (*e.g.* identificação com o agressor); outras, no entanto parecem não surgir de conflitos. É claro, todavia, que estruturas intermediárias, ou estruturas-meio, que nascem ou são usadas no decorrer da gratificação impulsiva contra os impulsos, ou no decorrer da resolução de um conflito, podem sofrer (e muitas vezes sofrem) "mudança de função"[17] e transformam-se em meios de ação e adaptação a serviço do ego. Estas estruturas-meio são chamadas *estruturas de autonomia secundária* (Hartmann, 1939a, 1952). Elas são, também, apenas relativamente autônomas, da mesma forma como os sistemas de autonomia primária. Supõe-se que também têm energias neutras à sua disposição ou que utilizem energias neutralizadas à disposição do ego. As observações a que se refere o conceito de autonomia secundária são semelhantes àquelas que levaram ao conceito de "autonomia funcional" de Allport: dizem respeito à relação entre as estruturas-meio e as estruturas básicas, bem como às motivações de maior nível, atitudes, valores, etc.

Em conclusão:

1. Os determinantes estruturais do comportamento foram introduzidos como variáveis intervenientes para explicar a observação que mostra que as motivações não determinam os comportamentos de maneira biunívoca (em correspondência um-a-um).

2. Os determinantes estruturais diferem dos determinantes motivacionais porque são relativamente duradouros: a probabilidade de mudança é relativamente pequena.

17. Ver Hartmann (1939a, 1952); por exemplo, a racionalização é um mecanismo de defesa que tende a passar por uma "mudança de função" e, assim, tornar-se um importante meio de adaptação, na condição de ingrediente crucial do pensamento lógico e da ação racional.

3. Há estruturas inatas e adquiridas: sistemas de autonomia primária e de autonomia secundária.

4. A formação-de-estruturas transforma as motivações e, assim, dá origem a novas motivações (mais neutralizadas).

5. Estruturas construídas, e as motivações que nelas se originam podem tornar-se determinantes relativamente autônomos do comportamento.

I. TODO COMPORTAMENTO É DETERMINADO PELA REALIDADE (PONTO DE VISTA DA ADAPTAÇÃO)

Realidade, na teoria psicanalítica, designa a fonte externa de estímulos, incluindo o campo do indivíduo, excetuando-se as fontes somáticas dos impulsos e afetos (Freud, 1915a, pp. 60-64). Nessa teoria, a *realidade* (*i.e.*, a *realidade externa*) é a antítese da *realidade psíquica*[18] (Freud, 1900, pp. 548-549).

Essa tese da psicologia psicanalítica talvez tenha sofrido mais transformações do que qualquer outra e suas conseqüências são de largo alcance. Do ponto de vista da Psicologia, a tese acarreta a questão do papel que os estímulos desempenham no comportamento; do ponto de vista da Biologia, a questão da relação entre o organismo e o meio ambiente; do ponto de vista da Filosofia, uma questão epistemológica, a saber, como o homem pode conhecer seu meio ambiente e agir de acordo com ele, quando seus pensamentos e ações são determinados por leis de sua própria natureza.

Na primeira fase da teoria psicanalítica, a *realidade* foi considerada o alvo da defesa (Freud, 1887-1902, Ms. H; 1894, 1896). Mais precisamente, a defesa foi dirigida contra a *memória de um evento real,* para evitar o retorno de sentimentos (afetos) que, socialmente proibidos, seriam incompatíveis com o *amor-próprio*[19]. Os sintomas (*i.e.,* os comportamentos patológicos) resultantes da defesa (repressão, etc.) foram considerados como algo resultante, pois, em última análise, de acontecimentos ocorridos na realidade. Mas a questão do papel da realidade no determinar o comportamento normal ainda não havia sido levantado, embora se admitisse que a ação de experiências não-traumáticas seria "dissipada" ao ser distribuída por sobre uma ampla rede associativa (ver Breuer e Freud, 1895, pp. 7-8; e Freud, 1917a), enquanto que a ação de experiências traumáticas seria "reprimida".

A segunda concepção de realidade (Freud, 1900), que dominou

18. Os adjetivos correspondentes são *real* e *psicológico.*

19. *Respeito-próprio* e *proibição social* não atingiram *status* conceitual na Psicanálise. Eles apareceram na primeira teoria do superego (Freud, 1914b) e retornaram com as escolas neofreudianas. Apenas recentemente, a psicologia do ego passou a tentar encontrar seu lugar na teoria (Hartmann, 1950; Bibring, 1953; Erikson, 1956b; Jacobson, 1953a, 1954).

a teoria psicanalítica de 1900 a 1923 – com exceção das "Formulações sobre dois Princípios no Funcionamento Mental" (1911b) de Freud, que preparam a concepção posterior – teve dois aspectos: o *objeto impulsivo* e o *processo secundário.*

O impulso foi considerado como um estímulo interno (Freud, 1915a, 1915b) que, ao contrário do que acontece com o estímulo externo, é contínuo e não pode ser evitado pela fuga, um estímulo para o qual o organismo não dispõe de barreira de redução de intensidade, análoga àquela que opera com respeito ao estímulo externo. Por sua vez, os estímulos externos foram considerados de pequena significância e de pequena eficácia psicológica, não representando qualquer papel na determinação do comportamento. Não obstante, certos padrões de estímulos externos, isto é, os objetos impulsivos, foram vistos, ao mesmo tempo, como pré-condições para a ação impulsiva (descarga impulsiva). Assim, a eficácia dos impulsos, como determinantes últimos do comportamento, continuou, em parte, dependendo da existência do objeto impulsivo. Mas, esse não é o único papel da realidade nessa teoria: configurações da realidade que proíbem a ação impulsiva foram consideradas como algo intrapsiquicamente representado pela censura (Freud, 1900). Tem-se uma concepção da realidade centrada no impulso: ela abrange apenas as condições que tornam possível ou impossível a ação impulsiva. Um aspecto desta concepção da realidade em termos de objeto de impulso adquire significação ampla. Enquanto os instintos dos animais de níveis evolutivos baixos parecem estar diretamente, e de modo mais ou menos rígido, coordenados a estímulos externos específicos, os instintos de animais de níveis evolutivos mais altos parecem estar menos rigidamente coordenados a tais estímulos específicos. Essa diferença pode ser caracterizada como uma internalização progressiva da regulação do comportamento[20]. A teoria psicanalítica dos impulsos entende que a relação entre os impulsos humanos e os seus objetos é flexível e que a regulação do comportamento humano é, em grande extensão, internalizada (ver Freud, 1905b). Embora a teoria psicanalítica, em suas principais fases, tenha dado, ocasionalmente, a impressão de que o organismo é totalmente autônomo com respeito ao seu meio ambiente, ela jamais chegou a tal extremo. Mas certamente levantou a questão da *relativa* autonomia do organismo com respeito ao seu ambiente (ver pp. 55-57, a respeito; ver também Gill e Brenman, 1959; e Rapaport, 1958b) e tornou claro que qualquer explicação do comportamento deve enfrentar o problema de sua relativa autonomia tanto com respeito aos impulsos quanto com respeito à realidade externa.

O outro aspecto da concepção da realidade, nessa fase da teoria psicanalítica, foi o processo secundário. De acordo com essa teoria, os processos de pensamento secundários tendem a refletir a realidade

20. Esta internalização é considerada coesiva com a efetivação do ego; ver Hartmann (1939, 1948).

"verdadeiramente", *i.e.*, não apenas em termos do impulso cujo objeto deve ser alcançado, mas em termos das "reais" relações entre objetos que estão na realidade (Freud, 1900, pp. 509, 533-536). Analogamente, os processos secundários de ação são "adaptativos para" a realidade (Freud, 1911b) e não lutam cegamente por uma descarga impulsiva. Atraso na descarga, desvio provocado pela busca de uma trajetória segura, disponibilidade "plena" de memórias e seu uso na ação experimental do pensamento caracterizam o processo secundário. Este é, pois, não "seletivo" (no sentido limitado em que o processo primário o é), mas algo que tem um acesso amplo à realidade, sobre a qual atua, por meio de julgamentos e escolhas seletivas. Essa concepção acarretou uma realidade "objetiva" e processos secundários que, diversamente do que acontece com os processos primários, não "distorcem", mas são "verídicos", embora se reconhecesse, claramente, que o processo secundário não pode afastar totalmente as "distorções" porque, para fazê-lo, teria de eliminar os afetos de que necessita, como sinais orientadores (Freud, 1900, p. 536). Esta concepção permaneceu incompleta, pois deixou inexplicadas a origem, a natureza e a função do processo secundário (ver, entretanto, Freud, 1925a, 1925b; também Ferenczi, 1913, 1919, 1922, 1926).

A terceira concepção da realidade aparece na psicologia do ego de Freud, no período de 1923-1938, e foi previamente delineada em 1911, nas "Formulações sobre dois Princípios no Funcionamento Mental", particularmente pelos conceitos de *princípio de realidade* e *teste de realidade*. Na primeira concepção, a defesa era dirigida contra a realidade e a lembrança de acontecimentos reais. Na segunda concepção, dirigiu-se contra o impulso, e a realidade passou a ter apenas um papel periférico. Na terceira concepção, a realidade e o impulso passam a ter mais ou menos o mesmo *status* (Freud, 1926). Agora, o motivo (determinante) último da defesa é o perigo real, e há defesa contra o impulso porque se houvesse atuação concordante com o impulso, isso levaria novamente a uma situação real de perigo. Assim, as defesas contra os impulsos passam a representar a realidade e, como partes da estrutura do ego e do superego, tornam-se reguladores internalizados do comportamento.

No período que estamos considerando agora, o ego era ainda considerado, principalmente, como uma organização defensiva; no entanto, sua origem em identificações[21] e sua definição mais geral[22] apontam, para suas outras funções e para sua íntima relação com a realidade. As identificações com os objetos da realidade social implicam em que a realidade tem não apenas um papel defensivo-conflituoso, mas também um papel de formador-de-estrutura-do-ego. Além disso, o ego, concebido como uma organização coesa, dotada de uma

21. "O ego é um precipitado de objetos catexizados abandonados" (1923, p. 36), *i.e.*, de identificação com objetos abandonados.

22. "[O ego] é uma organização coerente dos processos mentais" (1923, p. 15).

função sintética própria (Freud, 1926, pp. 25-26; Nunberg, 1931), adquire um grau de independência dos impulsos que permite uma objetividade relativa no que concerne à realidade. A relação do ego para com a realidade realça o papel central da realidade nesta fase da teoria: a função do ego é a de reconciliar os reclamos do id, do superego e da realidade (Freud, 1923); a relação para com a realidade é crucial para o ego (Freud, 1932a); e o ego é organizado em torno do Sistema Percepção–Consciente, *i.e.*, em torno dos meios de contato com a realidade (1923).

Nesta concepção a realidade dá forma não somente ao ego, mas também aos impulsos[23], que eram anteriormente considerados imutáveis. Além disso, na concepção de Anna Freud (1936, pp. 109-110), a defesa contra a realidade aparece como um conceito, muito à semelhança do que aconteceu na primeira concepção da realidade para Freud.

A quarta concepção da realidade – de Hartmann – é um desenvolvimento radical: o organismo, como um produto da evolução, já nasce adaptado, ou potencialmente adaptado, à realidade. Os sistemas de autonomia primária do ego são instrumentos e garantias que colocam o homem em um "estado de prontidão para ajustar-se a um determinado meio ambiente". Em animais de baixos níveis de evolução, os instintos são a garantia da adaptação à realidade; os impulsos do homem perderam, em boa parte, esse papel. A inata capacidade de adaptação, no homem, é muito mais uma potencialidade do que um fato; os processos de adaptação superam a adaptação inata. Essa potencialidade para regulação internalizada do comportamento se concretiza no curso do desenvolvimento do ego, que assim se torna o órgão adaptativo do homem (Hartmann, 1939a, também 1948).

Nessa concepção, a realidade e a capacidade de adaptação, tanto quanto a própria adaptação ao real, têm um papel muito maior do que possuíam na terceira teoria de Freud (ver Kris, 1950a; também Hartmann, 1956): aqui, elas são a matriz de todo o comportamento. Os conceitos, devidos a Hartmann, de *autonomia relativa, autonomia secundária, automatização* e *neutralização* fornecem, pela primeira vez, uma pauta de referência para a compreensão do desenvolvimento e da função do processo secundário visto como um dos principais meios adaptativos do homem. Hartmann, contudo, vai além e entende a realidade à qual o homem se adapta como uma realidade criada por ele e por seus predecessores. Todavia, mesmo esta concepção parece conservar uma dualidade essencial entre realidade psíquica e realidade externa.

A quinta concepção de realidade, prefigurada tanto pela terceira concepção de Freud quanto pela concepção de Hartmann, é a psicossocial, desenvolvida por Erikson (1950a, 1956b). O homem é potencialmente pré-adaptado, não somente a um determinado meio ambiente, mas também a toda uma série evolutiva de tais ambientes. Estes am-

23. Ver Freud (1937), mas notar este ponto já em Freud (1915c).

bientes, aos quais o homem se adapta, não são "objetivos", mas ambientes sociais que auxiliam sua maturação e desenvolvimento: *modalidades* sociais (*e.g.*, as formas socialmente aceitas de "ganho") alimentam, selecionam e utilizam seus *modos* (*e.g.*, o modelo incorporativo oral) de comportamento em desenvolvimento (Erikson, 1950b)[24]. Trata-se da contraparte genética da formulação sistemática de Hartmann. É até o presente, a única tentativa de conceber as fases da epigênese (Erikson, 1940, 1950a) através das quais a pré-adaptação se torna efetiva, e nas quais o processo de adaptação une inseparavelmente a epigênese do comportamento e as condições ambientais (1950a, particularmente Cap. VII). As concepções de uma realidade "objetiva" e de um processo secundário não-seletivo e "verídico" desaparecem aqui, e mesmo as coordenadas principais (tempo e espaço) da realidade se tornam "subjetivas" (1954), no sentido de que se revelam relativas ao espaço e tempo orgânicos e à particular sociedade em cuja realidade o homem se desenvolve[25].

J. TODO COMPORTAMENTO É SOCIALMENTE DETERMINADO (PONTO DE VISTA PSICOSSOCIAL)

Demonstrar que a Psicanálise considera a experiência real, em geral, e a experiência social, em particular, como determinantes do comportamento equivale a bater numa porta aberta. Por exemplo, a psiquiatria orgânica, que é centrada em fatores hereditários e constitucionais, sempre viu a Psicanálise como simples "psicologia da educação" e, para assim entendê-la, precisou desconsiderar a concepção "natural" dos impulsos na teoria psicanalítica. A raiz desse e de equívocos semelhantes parece estar em que a teoria não clarificou sistematicamente sua posição com respeito à relação dual entre o organismo e seu ambiente. É traço característico dos organismos que eles dependam de seu ambiente, mas que também sejam relativamente independentes dele. Este equilíbrio entre dependência e independência poderia ser entendido como autonomia relativa (do organismo com respeito ao seu ambiente), no mesmo sentido em que é entendida a relação análoga entre o ego e o id (Rapaport, 1958b).

24. Nesta concepção os modos se desenvolvem de acordo com leis genéticas, inatas, mas a organização social do ambiente define seu lugar e sua forma no repertório do comportamento e seu uso no domínio da realidade e adaptação.

25. Esta concepção não nega a "objetividade" dos aspectos comuns, de validade consensual de espaço e tempo, ou de possibilidade intelectual de transcender as coordenadas subjetivas da realidade com a intenção de construir ciências universalmente válidas do espaço, da matéria, etc. Não invalida a combinação do organismo com o ambiente "objetivo", que é assegurada pelos aparelhos de autonomia primário e secundário (*e.g.*, o aparato motor e o perceptual), nem a efetividade da "textura causal" do ambiente (Brunswik, Heider) que coloca limites a toda "subjetividade" social e individual. Para uma discussão detalhada deste assunto, que nos leva às profundezas da teoria da percepção, ver o volume de G. Klein (1960).

A visão dos psiquiatras orgânicos acarreta uma autonomia absoluta com respeito às influências ambientais. Do ponto de vista desses psiquiatras, Freud menosprezou completamente essa autonomia, pois tratou sobretudo da relação de dependência do comportamento com respeito à experiência, às normas sociais, etc. De outro lado, a ênfase dada por Freud aos impulsos, assim como sua atenção para os fatores constitucionais, pareceu tornar sua teoria – mesmo aos olhos de muitos de seus seguidores – *absolutamente* autônoma com respeito ao ambiente. Sob esse prisma, a sociedade surgia como um fator que interfere na natureza e o homem era visto como um individualista, de modo que o objetivo da terapia era freqüentemente entendido em termos de liberação da natureza humana das imposições sociais.

No entanto, Freud considerou anaclíticos[26] os impulsos sexuais e seus objetivos escolhidos, apoiando-se em impulsos de autopreservação e seus objetos de escolha. Esta é uma afirmação a propósito das crescentes relações sociais primeiras do organismo e implica uma determinação social de comportamento. Também a implica a noção de complexo de Édipo: o ambiente social em germinação em que se acha o organismo proporciona os objetos de seus impulsos libidinais e agressivos; fixa as estruturas (identificadas no desenvolvimento do ego e do superego) que são geradas pelas relações entre o sujeito e esses objetos; e, a par disso, codetermina o comportamento geral do indivíduo, e não apenas sua patologia (Freud, 1923). Embora tais concepções sociais não fossem generalizadas, para se transformar em uma psicologia social psicanalítica explícita, a determinação social do comportamento é, claramente, um elemento que figura na teoria psicanalítica clássica.

Por que, então, a relutância dos psicanalistas clássicos em aceitar a ênfase colocada na determinação social do comportamento por Adler, Sullivan, Horney e Kardiner? Parece que essa relutância tem por pano de fundo uma disputa entre diferentes concepções de autonomia *relativa* do comportamento em relação à realidade ambiental[27]. Para o pensamento dos analistas clássicos, as escolas "dissidentes", ao descobrirem que o comportamento depende da realidade social, abandonaram aqueles conceitos da teoria psicanalítica que diziam respeito às observações concernentes à autonomia do comportamento em relação ao ambiente: esses conceitos eram os impulsos e os outros dados constitucionais (*e.g.*, estruturais). O resultado final foi este: alguns dissidentes passaram a considerar a adaptação como um "ajustamento" (particularmente como um objetivo terapêutico); passaram a ignorar a existência e a natureza dos impulsos; passaram a salientar os reclamos e as imposições ambientais e, assim, deliberada ou

26. Anaclítico: apoiar-se em. A implicação é a de que os primeiros objetos do impulso sexual da criança são as pessoas que cuidam dela e lhe garantem a sobrevivência, *i.e.*, que são os objetos de seus impulsos antopreservativos (Freud, 1905b).

27. Ver, a propósito, a discussão de Fenichel sobre Fromm (1944).

involuntariamente, passaram a reforçar a censura e o superego. Esses terapeutas, como se veio a dizer, bandearam-se para o "lado social", abandonando o paciente – embora sua tarefa, como originalmente concebida, requeresse atenção para ambos, o social e o individual, ou nenhum dos dois lados. Em outros dissidentes o resultado pareceu muito diferente: a sociedade foi acusada de responsável pelos problemas humanos e deveria ser de tal maneira mudada, a fim de não provocar mais dificuldades para o homem. Segundo se veio a dizer, isso equivaleria a tomar partido ao lado do homem, em detrimento da sociedade. A ação livre, a rebelião social, os imperativos filisteus de conformismo e as atitudes em favor da liberdade individual beirando a licenciosidade foram considerados como traços característicos dos dissidentes. Qualquer daquelas atitudes pode bem ser parte das convicções individuais do terapeuta, e não pode, assim, deixar de manifestar-se na terapia, de alguma forma; todavia, nenhuma delas tem lugar na teoria psicológica. Não é nossa tarefa estabelecer se aí ficaram avaliações justas das escolas dissidentes[28]. É suficiente lembrar que estas atitudes, reais ou imputadas, são indícios de uma discussão centrada na autonomia relativa do ego com respeito à sociedade. A contribuição dos dissidentes para a formulação do ponto de vista psicossocial não deve ser subestimada.

Anna Freud ressaltou a ação junto aos pais de seus pacientes menores, e seu trabalho com grupos de crianças, durante a guerra, é um reconhecimento da determinação social do comportamento.

Deve-se a Hartmann a primeira formulação teórica do papel da realidade social. O ponto de partida, nessa formulação, foi a idéia de Freud a propósito do importante papel, no desenvolvimento humano, desempenhado pelo prolongado desamparo da criança e de sua dependência da atenção dos adultos. O maior avanço teórico provocado por Hartmann está incorporado ao seu conceito de "controle social", que tem por modelo o conceito de "controle somático", proposto por Freud. Os referentes desse conceito são as observações concernentes àquelas instituições da sociedade que vão ao encontro, alimentam e moldam o desenvolvimento das capacidades adaptativas, inatas ou adquiridas, do indivíduo. A Educação, como uma instituição social, é um exemplo de "controle social" (Hartmann, 1939a).

A concepção psicossocial epigenética de Erikson acompanha e completa as formulações sistemáticas e programáticas de Hartmann. A idéia que Erikson faz da sociedade é detalhada: ela é a geografia e os meios de sobrevivência que fornece; é a economia e outras instituições sociais; é a ideologia, incluindo a tradição (1950a, Caps. III, IV; também 1946). Envolve: (1) a concepção epigenética do desenvolvimento do ego, segundo a qual o desenvolvimento se efetua através de uma

28. A avaliação que Fenichel (1944) faz de Kardiner e Fromm parece adequada, tendo em conta o equipamento conceitual existente na época: os conceitos de Hartmann e Erikson ainda não haviam penetrado na discussão.

seqüência de fases; cada uma das fases é caracterizada por uma crise, específica, de caráter universal, cuja solução varia de sociedade para sociedade e é individualmente única (1950a, Cap. II; 1950b; 1956b); (2) os educadores (pais, professores) e as práticas de que se valem representam as instituições da sociedade e tradições que foram desenvolvidas para debelar as crises específicas de cada fase do ciclo de desenvolvimento da vida individual; (3) as necessidades específicas de cada fase do crescimento individual, que despertam necessidades harmonizantes nos educadores, correspondentes às respectivas fases de seus ciclos de vida; as instituições sociais e as tradições dão sua contribuição para a solução de crescentes crises específicas de cada fase do indivíduo por meio do despertar de necessidades nos educadores; (4) as formas resultantes de comportamento, que têm, em geral, um lugar definido na sociedade e garantem, nela, a viabilidade do indivíduo.

Na concepção de Erikson nem o indivíduo se adapta à sociedade nem a sociedade enquadra o indivíduo em seus padrões; a sociedade e o indivíduo formam uma *unidade* em que ocorre uma regulação mútua. As instituições sociais são pré-condições para o desenvolvimento individual; e o comportamento individual em desenvolvimento, por sua vez, desperta aquela ajuda que a sociedade oferece através de seus membros adultos e que está norteada pelas instituições e tradições. A sociedade não é apenas um elemento de proibição ou de provisão; é a matriz necessária ao desenvolvimento do comportamento. Na verdade, o desenvolvimento e a manutenção do ego, do superego, e, talvez, de todas as estruturas, dependem da matriz social: o comportamento é determinado pela matriz e só é possível com sua presença.

Os estudos de Bettelheim (1943, 1950, 1955) e de Redl e Wineman, 1951, 1952) confirmaram e ampliaram essa concepção. Rapaport e Gill (1959) concluíram, a partir das observações e teorias aqui discutidas, que a tríade metapsicológica dos pontos de vista dinâmico, estrutural e econômico, deve ser ampliada pelo acréscimo de um ponto de vista adaptativo.

K. DISCUSSÃO

O esboço das proposições básicas da teoria psicanalítica geral foi apresentado a fim de possibilitar a discussão de suas variáveis. A formulação esquemática das proposições básicas girou em torno dos três pontos de vista metapsicológicos clássicos (dinâmico, topográfico e econômico) (Freud, 1915c, p. 114). Também incluiu, a par disso, o ponto de vista estrutural (que aperfeiçoou e substituiu o topográfico) e os pontos de vista genético e adaptativo. Estes últimos, tendo o mesmo grau de importância, na teoria, que a tríade clássica, parecem necessários para completar o sistema da metapsicologia psicanalítica (ver Rapaport e Gill, 1959). A inclusão do ponto de vista psicossocial (como a do topográfico) é um indício de incoerência lógica, já que ele não passa de um aspecto específico do ponto de vista adaptativo. É difícil, senão impossível, apresentar a teoria dissociada de sua história. O ponto de vista topográfico é aqui levado em conta (embora seja substituído, com vantagem, pelo estrutural) porque não é simples apresentar o papel da determinação inconsciente a partir do ponto de vista estrutural; esse papel é mais facilmente discutido a partir do agora superado ponto de vista topográfico. Analogamente, o ponto de vista psicossocial vem discutido separadamente porque ainda é difícil apresentar o ponto de vista adaptativo de modo a fazer com que as suas conseqüências se manifestem de modo claro. As teorias de Hartmann e Erikson são demasiado novas, suas conseqüências não estão bem compreendidas, e a relação entre elas foi pouco explorada (ver Rapaport 1955, 1958a), de modo que não serão lembradas, salvo para efeito de sistematização.

É provável que sete dos dez pontos de vista aqui discutidos se vejam, em apanhados sistemáticos futuros, condensados em cinco pontos de vista metapsicológicos (dinâmico, econômico, estrutural, genético e adaptativo). Na verdade, podem eventualmente surgir como os axiomas do sistema. Os três pontos de vista remanescentes (empírico, gestáltico e organísmico) parecem ter um caráter diferente, e colocá-los juntos dos pontos de vista metapsicológicos é outra indicação de que a sistematização aqui tentada é prematura. De modo geral, dizem respeito aos observáveis da teoria e à organização desses observáveis como unidades. É possível que estes três pontos de vista apareçam em exposições sistemáticas futuras, como definições de observáveis. Assim sendo, por que não estariam aqui separados dos outros? Uma razão é a de que os outros pontos de vista ainda não estão formulados como axiomas e necessitam de definições. Então, por que não explicitar todas as definições e separá-las dos pontos de vista? No estágio atual de nosso conhecimento, mesmo que tais explicitações e separações fossem possíveis, a presente análise seria um passo preliminar indispensável.

As idéias de Tolman (1951), MacCorquodale e Meehl (1951) e de outros autores a propósito das variáveis independentes, intervenientes e dependentes não podem ser aqui discutidas em pormenor. Basta dizer que suas idéias acerca das variáveis não parecem "metodologicamente puras", aparecendo em meio de seus respectivos preconceitos[29]. Somente a concepção das variáveis que Koch denomina "matemática" parece relevante para a teoria psicanalítica. É no sentido desta concepção matemática que falaremos das variáveis.

Acredito que as conclusões que se seguem podem ser derivadas do esquema dos "pontos de vista" da teoria:

1. O conceito psicanalítico de *sobredeterminação* acarreta que um ou vários determinantes de um dado comportamento, que parecem explicá-lo, não lhe dão, necessariamente, uma explicação

29. Frenkel-Brunswik (1954, p. 307 e ss.) apresentaram uma convincente discussão de alguns destes preconceitos.

causal completa. Isto não deixa de acontecer em outras ciências, embora um *princípio de sobredeterminação* não se haja tornado necessário em qualquer delas. A Psicanálise necessita desse princípio. Em parte, devido à multiplicidade dos determinantes do comportamento humano; em parte, pela característica falta, na teoria, de critérios para a independência e a suficiência das causas. Os determinantes do comportamento, nessa teoria, são definidos de tal maneira que se aplicam a qualquer comportamento e, assim, seus referentes empíricos devem estar presentes em todo e qualquer comportamento. Desde que é freqüente não haver sempre um determinante único, que constantemente assuma o papel dominante em um dado comportamento, não se pode negligenciar outros determinantes enquanto se estuda o determinante dominante. Quando condições favoráveis tornam um determinante o dominante, o investigador vê-se levado a concluir que confirmou uma relação funcional anteriormente prevista – o que, em verdade, acontece. Lamentavelmente, a tentativa de repetir a observação ou o experimento em questão freqüentemente falha, porque, na repetição, aquele comportamento pode aparecer, mas com outro determinante dominante, ou ocorre um comportamento diverso, embora o determinante dominante continue o mesmo[30]. A obra *Gesetz und Experiment in der Psychologie* (1927), de Lewin, é importante aqui: argumenta que o critério de validade para os experimentos psicológicos (ver Brenman e Gill, 1947; Gill e Brenman, 1946; e Benjamin, 1950) não é a reprodutibilidade, mas a variabilidade sistemática previsível.

As conseqüências do conceito de sobredeterminação para a escolha de variáveis independentes são: (a) Qualquer motivação, em posto elevado na hierarquia da organização psicológica, se escolhida como variável independente de um experimento ou de uma observação, pode aparecer como dependente de variáveis mais próximas da base da hierarquia. Nesse caso, ou a variável dependente será considerada como uma função implícita destas variáveis básicas (motivação, estruturas, etc.), ou interposta entre a variável independente e a dependente. (b) Se uma dada motivação básica é escolhida como a variável independente de um experimento, então variáveis mais altas da hierarquia serão interpostas como variáveis intervenientes, entre variáveis dependentes e independentes do experimento. Exemplificando, no experimento de Klein (1954), as atitudes cognitivas são as variáveis intervenientes; a sede é a variável independente; e os comportamentos cognitivos são as variáveis dependentes. Embora

30. Por exemplo, na experiência tipo Zeigarnik, de um lado, uma tarefa interrompida pode ser relembrada – por causa de um sistema de tensão não descarregada (explicação de Lewin) ou por causa de a tarefa ter uma significância "histórica" ou "motivacional" para o sujeito. Nesse caso, determinantes dominantes diversos têm efeitos idênticos. De outro lado, uma tarefa interrompida pode ser esquecida (a despeito do sistema de tensão não descarregada) quando a interrupção é experimentada como falha. Nesse caso, a tensão não descarregada mantém-se como determinante dominante, mas seu efeito comportamental é diferente.

nessa teoria os impulsos básicos sejam sistematicamente variáveis independentes distinguidas[31], esses impulsos, como variáveis empíricas independentes, não parecem diferir significativamente de outras variáveis motivacionais.

2. A concepção psicanalítica de *autonomia* coloca uma limitação adicional sobre o caráter de variável independente distinguida que se dá aos impulsos básicos, porque indica outras variáveis igualmente distinguíveis. O conceito de autonomia acarreta que estruturas de autonomia primária (e sencundária) podem manter (ou atingir) uma relativa independência, com respeito aos impulsos. A função das estruturas autônomas, mesmo quando desencadeadas pelos impulsos, pode independer desses impulsos. As motivações derivadas (em geral relacionadas às estruturas) também podem atingir tal independência. As conseqüências desse conceito de autonomia sobre a escolha das variáveis independentes são contrárias às da sobredeterminação: como a autonomia aumenta com a distância dos impulsos básicos, as variáveis (estruturas ou motivações) de alto posto na hierarquia também aparecem como variáveis independentes sistematicamente distinguidas. Como variáveis independentes de um experimento, têm a vantagem de que a variável dependente *não* precisa ser uma função implícita de outras variáveis básicas e de que (no caso ideal) não haverá variáveis intervenientes interpostas entre elas e a variável dependente.

As conseqüências conflitantes dos conceitos de *autonomia* e de sobredeterminação também limitam as vantagens do primeiro, pois nem todas as estruturas e as motivações derivadas mantêm ou alcançam autonomia; além disso, a autonomia não é uma questão de tudo-ou-nada, mas uma questão de grau, de modo que sempre trabalhamos com *autonomia relativa,* cujo grau deve ser empiricamente determinado.

3. Motivações básicas e estruturas, tanto quanto motivações de alto grau de autonomia, são sistematicamente variáveis *distinguidas.* Não é clara a questão de saber se deveriam ser consideradas como variáveis sistemáticas independentes (no sentido de Koch), pois também podem surgir no papel de variáveis intervenientes e dependentes. Para ilustrar esse ponto, examinemos as principais classes de variáveis na teoria psicanalítica: motivações e estruturas (de qualquer nível hierárquico e qualquer grau de autonomia), comportamentos (incluindo pensamentos e afetos tanto quanto a ação observável) e a realidade externa.

REALIDADE EXTERNA

No modelo do arco-reflexo, a realidade externa (estímulo)

31. O termo "distinguido" é usado aqui para transmitir a idéia de que embora o desenvolvimento da teoria imponha restrições à concepção inicial dos impulsos como "últimos determinantes causais", os impulsos ainda mantêm uma posição especial no sistema da teoria (ver pp. 34-36 a respeito).

aparece como a *variável independente.* O modelo admite que, neste caso, os impulsos inconscientes e as idéias sempre surgem como variáveis intervenientes; a variável dependente é a ação motora e/ou o pensamento consciente e/ou o afeto. Entretanto, o conceito de autonomia acarreta que a relação funcional entre o estímulo e o comportamento pode ter qualquer grau de autonomia relativa; *i.e.*, pode variar a extensão da intervenção dos impulsos inconscientes e das idéias. Assim, a psicologia S-R aparece, aqui, como um caso-limite de alto grau de autonomia (automatização) (ver Hartmann 1939a, pp. 26, 86 e ss.).

A realidade externa, como *variável interveniente,* é uma conseqüência do ponto de vista adaptativo. Quando a estrutura ou a motivação é escolhida como variável independente e o comportamento como variável dependente, a realidade externa aparece como a variável interveniente e corresponde ao aspecto adaptativo do comportamento em questão[32]. O conceito de autonomia relativa com respeito ao ambiente, entretanto, acarreta que algumas das relações entre motivação *vs.* comportamento e estrutura *vs.* comportamento serão (como nas ações impulsivas, nas fugas e nos comportamentos caracterologicamente típicos, respectivamente), dentro de certos limites, invariantes com espeito às alterações na realidade externa.

Como a realidade externa pode ser uma *variável dependente* é menos evidente. Se a realidade exterior fosse considerada "geograficamente" (ver Koffka, 1935, p. 27 e ss.), então não teria sentido (ou seria um assunto para a Física, a Química, etc.) tratá-la como variável dependente. Se, entretanto, formos além de sua "textura causal" inerente (Brunswik, Heider) e a concebermos psicologicamente, então ela pode tornar-se uma variável dependente. Uma pessoa colocada no meu espaço de vida é umà realidade externa; sem embargo, essa realidade externa é uma variável dependente dos meus "sentimentos" para com a pessoa. No experimento de Bruner e Goodman, os tamanhos das moedas aparecem como variáveis dependentes, embora, neste caso, torne-se difícil separar o comportamento perceptual e a realidade externa como variáveis dependentes.

MOTIVAÇÕES

Em experimentos de privação, tanto quanto em observações feitas em terapia (*e.g.*, no fenômeno da transferência), as motivações aparecem como *variáveis independentes*[33]; e sua posição hierárquica (implicando considerações a respeito de sobredeterminação e autonomia) define o grau de sua real independência. Nesses exemplos,

32. Por exemplo, no estudo do efeito da fome sobre o comportamento de alimentação, a ausência – ou a presença e a conduta – do observador entrará como uma variável interveniente.

33. Exceto quando o grau de privação é a variável independente e o impulso a variável dependente.

defesas e outras estruturas freqüentemente se põem como variáveis intervenientes e o comportamento é a variável dependente mais comum, embora nas investigações acerca de construção estrutural e de mudança estrutural, a estrutura tome o posto de variável dependente.

No modelo do arco-reflexo, as motivações inconscientes aparecem como *variáveis intervenientes* e a realidade externa desempenha o papel de variável independente e o comportamento o de variável dependente. Além disso, sempre que a motivação controlada (não impulsiva), ou uma estrutura próxima da base da hierarquia da organização mental seja tomada como variável independente, motivações de nível mais alto aparecem como variáveis intervenientes, contanto que não tenham vigência relações automatizadas entre as variáveis dependente e independente.

Motivações como *variáveis dependentes* são encontradas quando as motivações próximas da base da hierarquia são escolhidas como variáveis independentes e estruturas defensivas aparecem como variáveis intervenientes; ou quando a realidade exterior, na forma de privação, é a variável independente. Clinicamente, a presença de estruturas defensivas é – como regra geral – inferida a partir do aparecimento de motivações derivadas[34], que são, nesse caso, variáveis dependentes. Mas certas motivações podem também aparecer como variáveis dependentes se as realidades externas (outras que não a privação) ou as estruturas psicológicas forem as variáveis independentes.

ESTRUTURAS

Estruturas aparecem como *variáveis independentes* sempre que diferenças individuais no comportamento sejam estudadas, sob motivação e estimulação (relativamente) constantes: por exemplo, no estudo comparativo dos sintomas de várias neuroses e nos estudos acerca das diferenças individuais na percepção (Gardner, 1953; Holzman e Klein, 1954; Holzman, 1954; Schlesinger, 1954; Klein, 1956).

Estruturas como *variáveis intervenientes* são lugar-comum na observação clínica. Explicam a falta de correspondência um-a-um (biunívoca) entre motivação e comportamento. Estruturas defensivas cancelam as motivações e as substituem por motivações derivadas (como, por exemplo, na formação de reações). Estruturas controladoras dirigem e canalizam as motivações, como no comportamento de atraso ou de desvio e na escolha de objetivos substitutos. No experimento de Klein (1954), sobre a sede, a motivação desta era a variável independente, e o comportamento perceptivo a variável depen-

34. Por exemplo, no estudo do impulso coprofílico, a presença da *formação reativa* pode ser inferida a partir do aparecimento da motivação por um excesso de limpeza.

dente, enquanto as estruturas (as "atitudes cognitivas" do sujeito) apareciam como variáveis intervenientes.

É mais fácil conceber estruturas como *variáveis dependentes,* embora apareçam como tal em processos de mudança estrutural, incluindo os do aprendizado. Na medida em que a Psicanálise, enquanto terapia, atinge seu objetivo de mudança de estruturas existentes, em pelo menos algumas das observações feitas na terapia, as estruturas aparecem como variáveis dependentes. As esquematizações de Piaget (1936) das reações circulares primárias, secundárias e terciárias são estruturas e em seus estudos do desenvolvimento, que delineiam seu crescimento e destino, as estruturas são variáveis dependentes.

COMPORTAMENTO

O papel do comportamento como *variável dependente* não requer discussão. Mas seria bom salientar novamente que, aqui, o comportamento é definido de forma ampla para incluir o pensamento consciente e inconsciente, o afeto e a ação, que podem substituir-se e de fato se substituem uns pelos outros, de modo que o comportamento é uma complexa variável dependente.

O papel do comportamento como *variável interveniente* é mais difícil de imaginar, embora seja assim comumente encontrado. Quando, por exemplo, a motivação é tomada como a variável independente e o aspecto da ação observável do comportamento é tomado como a variável dependente, os aspectos do pensamento e dos afetos do comportamento, como regra geral, se interpõem como variáveis intervenientes. Esse parece ser um dos pontos que Hebb (1949) critica nas teorias S-R. Naturalmente, em ações impulsivas e quando a relação entre motivação e ação observável, ou aberta, é automatizada, tais variáveis intervenientes estarão, provavelmente, ausentes.

A idéia do comportamento como variável independente é, talvez, a menos óbvia de todas. No entanto, sob condições de alto grau de autonomia, por exemplo, um aspecto do comportamento pode ser tomado como uma variável independente e qualquer outro aspecto desse comportamento pode ser tomado como variável dependente. Nos experimentos de Werner (Krus, Werner e Wapner, 1953; Goldmann, 1953) – em que o indivíduo faz pressão contra um obstáculo motor, com a conseqüência de que aumenta o número de suas respostas de movimento no teste de Rorschach – o aspecto motor do comportamento é a variável independnete, enquanto o aspecto cognitivo é a variável dependente.

4. Parece que as variáveis de todas essas classes principais podem ser consideradas como variáveis empíricas independentes, intervenientes e dependentes. Diferem grandemente, porém, com respeito à possibilidade de manipulação, que é considerada, por alguns autores, como o critério para efetuar a seleção das variáveis independentes. As variáveis genéticas e estruturais, por exemplo, não são sucetíveis

de manipulação direta. A par dessas dificuldades intrínsecas, a manipulação do ambiente interno e do externo, tanto quanto a manipulação da ação, vêem-se limitadas pela devida consideração que cabe dar à privacidade do indivíduo e pelo fato de que a manipulação social, para além de certos limites colocará em perigo, muito provavelmente, os direitos individuais. Mas a manipulabilidade não é um critério indispensável; pode ser substituída pela observação (como na astronomia), ou pela procura de "experiências naturais" (como na teoria da evolução).

5. Podemos concluir que a teoria psicanalítica requer a exploração de todas as possíveis relações funcionais entre suas variáveis. Cabe indagar se há ou não uma conexão íntima entre as rígidas decisões das várias escolas de psicologia a propósito das variáveis sistemáticas (*e.g.*, da psicologia S-R e da Gestalt) e a limitada gama de observáveis aceitos em cada uma das escolas. Qualquer limitação na escolha das variáveis parece resultar numa limitada gama de observáveis e de métodos observacionais, e é a escassez de métodos que se torna, provavelmente, em obstáculo maior para cobrir o hiato que se abre entre a Psicanálise e a psicologia acadêmica (ver Shakow e Rapaport, 1960) e entre as várias escolas de psicologia.

3. Bases Evidenciais Iniciais para as Hipóteses do Sistema e seu Caráter Estratégico

A. BASES EVIDENCIAIS INICIAIS

Discutiremos, aqui, somente as bases evidenciais para as suposições do sistema, tal como originariamente formulado[1]. Traçar as bases das suposições da teoria, tal como hoje se apresenta, seria um trabalho histórico que ultrapassa de muito o objetivo deste ensaio. Assim, as proposições discutidas nesta secção nem sempre são idênticas às proposições da teoria atual.

Suposição básica da teoria psicanalítica foi e continua sendo um cabal *determinismo psicológico*. Outras suposições iniciais estão implícitas na tese da metapsicologia psicanalítica: a descrição completa de qualquer fenômeno psicológico deve incluir descrições dinâmica, topográfica e econômica[2]. Quais são as suposições implícitas nesses três pontos de vista?

O ponto de vista topográfico distingue os sistemas Inconsciente, Pré-consciente e Consciente e, assim implica a suposição de que há *processos psicológicos inconscientes*. Exceto pelo determinismo psíquico (psicológico), esta é a mais antiga e mais geral suposição da Psicanálise. Nela se baseiam os conceitos de motivação inconsciente (envolvendo suposições dinâmicas) e de processos primários (envolvendo suposições econômicas).

O ponto de vista dinâmico implica a suposição geral de que há *forças psíquicas* e *conflitos* entre elas, bem como em suposição par-

1. A referência, aqui, é Breuer e Freud (1895), a menos que haja indicações em contrário.

2. Esta é a mais antiga formulação explícita da metapsicologia; ver Freud (1915c, p. 114).

ticular que fixa a *natureza impulsiva destas forças* (Freud, 1898). Nestas suposições baseiam-se conceitos de impulsos libidinais e de censura (energicizados pelos impulsos do ego, uma concepção que é de nossos dias), e também a idéia de que cabe um papel central aos impulsos libidinais (Freud, 1905b).

O ponto de vista econômico implica a existência de *energias psíquicas*, em geral, e em sua *origem impulsiva*, em particular. Tais suposições sustentam o conceito de catexe (quantidade de energia). São corolários desta suposição, princípios análogos aos princípios físicos da conservação da energia, entropia e menor ação. O *princípio de conservação*: a catexe nunca se perde e é identificável no consumo e nas transformações de catexes envolvidas nas forças psíquicas (Freud, 1915c, p. 114). O *princípio da entropia* (o muito mal interpretado princípio do prazer): a energia impulsiva tende a se descarregar (*i.e.*, há diminuição da tensão) (Breuer e Freud, 1895, p. 143; e Freud, 1900, pp. 508-509; 533-535). O *princípio da menor ação*: processos envolvendo outras catexes, que não os impulsos básicos, operam de modo a haver a mínima quantidade de catexe (Freud, 1900, pp. 533-534). Os principais conceitos construídos sobre estes princípios são os de mecanismos do processo primário *vs.* secundário, o primeiro dirigindo e o segundo servindo à transferência e à transformação de catexes (Freud, 1900, pp. 530-531, 535-536).

A evidência inicial para essas três categorias de suposições e seus corolários não pode, ainda, ser nitidamente separada da evidência em favor da validade das teorias construídas sobre aquelas suposições e os corolários. Uma separação clara requereria decisões prévias acerca das suposições que deveriam ser tratadas como axiomas e das que deveriam ser empiricamente derivadas de uma associação de axiomas, definições e observações.

1. *A Hipótese do Determinismo Psíquico*

A base evidencial inicial para esta suposição foi a observação de que sintomas histéricos, aparentemente destituídos de sentido, anteriormente atribuídos a uma etiologia somática[3], desapareciam quando o paciente, sob hipnose, os relacionava com experiências, pensamentos, sentimentos ou fantasias passadas, e, assim atribuía-lhes significado e "causa" psicológica[4]. Este êxito no ligar um comportamento patológico aparentemente arbitrário a uma rede psíquica causal serviu

3. Mesmo a escola psicológica francesa, de Charcot, Janet, etc. (ver Shakow e Rapaport, 1960) concorda com essa crença.

4. Para relatos detalhados destas observações, ver Breuer e Freud (1895). A secção teórica daquele volume contém uma versão fragmentária e simplificada da teoria neuropsicológica desenvolvida por Freud no "Project" (1887-1902, Apêndice) para explicar estas observações. Essas duas afirmações teóricas são as predecessoras da teoria contida no sétimo capítulo da *Interpretação dos Sonhos* (Freud, 1900).

como ponto empírico de partida para exploração no amplo reino dos sonhos (Freud, 1900), dos lapsos (Freud, 1904), etc. O êxito no "interpretar" esses aspectos resultou em maior e aparentemente ilimitada generalização da suposição, na qual todas as demais suposições iniciais da teoria repousam. Obviamente, a evidência empírica, *per se*, sem os fatores de sustentação discutidos na introdução deste ensaio, poderia não ter dado origem à suposição do determinismo psíquico.

2. *A Hipótese dos Processos Psíquicos Inconscientes*

A observação de que, sob hipnose e no curso da livre-associação, os pacientes se conscientizam de experiências passadas, ou das relações entre experiências passadas e presentes, levou à suposição da sobrevivência "não-consciente" de tais experiências e da existência "não-consciente" de tais relações (Breuer e Freud, 1895; Freud, 1893-1914). Mas somente a descoberta de que tais experiências e relações não-conscientes estão sujeitas a regras (*e.g.*, o princípio do prazer e os mecanismos do processo primário), diferentes daquelas que orientam nosso comportamento e pensamento conscientes, pôde transformar os acima citados fenômenos de memória (já observados por Charcot, assim como por Berheim) (ver Breuer e Freud, 1895, Cap. I) em evidência para a hipótese de existência de *processos psíquicos inconscientes* (Freud, 1900). A essência desta suposição é que ela conceitua estas observações em termos psicológicos, embora os processos inferidos a partir delas estejam sujeitos a regras diferentes daquelas que governam os processos psíquicos conscientes costumeiros. Em outras palavras, recusa-se a tratar o não-consciente em termos somáticos e o não-lógico em termos não-psicológicos. Rejeita tanto a consciência quanto as relações lógicas como critérios necessários dos processos psíquicos, e assim chega ao conceito de processos psíquicos inconscientes fiéis a regras diferentes das dos processos conscientes. Esta suposição ganhou força a partir do estudo dos sonhos (Freud, 1900, p. 540).

3. *A Hipótese das Forças e dos Conflitos Psíquicos Inconscientes*

A evidência em favor de processos psíquicos inconscientes não necessitou, de início, pressupor forças psíquicas e conflitos inconscientes. Os pressupostos formulados por Breuer (relativos à hipnose) e por Freud (relativos ao trauma e à retenção) (cf. Breuer e Freud, 1895) pareciam explicar o caráter inconsciente desses processos. As evidências de que Freud se vale para pressupor a existência das *forças psíquicas inconscientes* foram relatos de seus pacientes: muitos incidentes relatados não eram, como Freud havia imaginado, lembranças inconscientes de experiências reais, mas, ao contrário, fantasias inconscientes (1887-1902, p. 215, carta n.º 69, 1897). Pressupor forças inconscientes permitiria identificar o agente gerador de tais fantasias e responsável pela sua manifestação consciente, sob hipnose e nas livre-associações; permitiria, ainda, identificar o agente que – antes da terapia e no seu transcurso – impede aquelas fantasias de se tornarem conscientes. Guiado pelo conteúdo libidinal das fantasias, Freud admitiu que o impulso sexual seria a força que gera as fantasias, e as torna conscientes, no decurso da terapia. De outra parte, Freud imaginou forças que se opunham aos impulsos sexuais, transformando-os em sintomas e bloqueando a chegada ao consciente das fantasias que eles geravam; seriam as forças da censura: os impulsos do ego.

Assim, a evidência básica inicial para esse pressuposto abrangeu observações concernentes às fantasias inconscientes, ao seu tornar-se consciente na terapia, à sua resistência contra a conscientização e à relação entre as fantasias e os sintomas.

4. *A Hipótese das Energias Psíquicas e de sua Origem nos Impulsos*

A observação de que a lembrança de experiências traumáticas, quando acompanhadas de afeto, resulta, algumas vezes, em desaparecimento de sintomas e ansiedade e, outras vezes, em sua substituição por outros sintomas e ansiedades equivalentes, sugeriu que uma grandeza deslocável e transformável estaria envolvida nos processos psicológicos subjacentes à formação de sintomas. Antes de desenvolver o conceito de força inconsciente, Freud admitiu que essa grandeza seria o afeto. Esse afeto, não expresso, ou seja, "reprimido", ou se transformava em ansiedade ou se via deslocado para um órgão somático (dando-se, pois, a conversão) ou, ainda, se manifestava em um processo mental (por exemplo, a obsessão). Após o desenvolvimento do conceito de impulso, aquela grandeza passou a ser concebida como energia impulsiva (catexe).

O conceito de força, isoladamente, não poderia explicar a observação de que, bloqueando-se uma ação impulsiva, o resultado é um comportamento diferente, na forma e na direção, daquele esperado, face ao impulso. Essa observação tornou-se a base evidencial para a suposição de que existem *energias psíquicas* e de que vale, para elas, um princípio da conservação. As energias psíquicas, análogas às da Física, sendo não-direcionais (isto é, escalares), poderiam, através de seus deslocamentos e transformações, explicar o "trabalho" realizado pela força psíquica em pontos não coincidentes com os esperados e com formas diversas das esperadas. Esse pressuposto, combinado com o da origem instintiva das forças psíquicas inconscientes, levou ao pressuposto da origem impulsiva das energias psíquicas.

A evidência para a hipótese de um princípio de entropia e um princípio da menor ação foi a observação da diferença entre aquelas duas espécies de características do comportamento que eram conceituadas em termos de manifestações dos processos primário e secundário. A prevalência da primeira espécie de características torna um comportamento obrigatório e dominante, um comportamento que tolera desvios ou atrasos, como se lutasse pela imediata descarga de uma grande quantidade de excitação. Essas características de idéias obsessivas e ilusórias, de rituais compulsivos, da ira histérica, etc., serviu de base evidencial para a hipótese de que vige um princípio de de entropia (prazer-desprazer). A prevalência da segunda espécie de características torna um comportamento passível de interrupção, atraso e desvio, como se envolvesse potenciais de intensidades não-significativas. Essas características de ação dirigidas a um objetivo e de pensamento lógico ordenado foram a base evidencial inicial para a hipótese de que vige o princípio da menor ação.

Pode-se lembrar que, em nossa discussão, não fizemos alusão ao pressuposto da *determinação última de todos os comportamentos pelos impulsos inconscientes*. Esse pressuposto, enfatizando os vocábulos *última* e *todos*, foi, de fato, uma das suposições da teoria psicanalítica, em sua fase inicial. Omitimos, aqui, a discussão desse ponto porque o pressuposto em tela é, na verdade, uma combinação dos pressupostos que já discutimos.

B. ESCOLHA ESTRATÉGICA DE BASES EVIDENCIAIS INICIAIS

A questão de saber por que as observações que serviram de base evidencial inicial para os pressupostos do sistema foram considerados elementos estratégicos é, de certo modo, irrelevante para a teoria psicanalítica. A situação inicial não era a de que os fenômenos de patologia fossem considerados estratégicos: eles foram *o* material que deflagrou os problemas a enfrentar. A teoria cresceu no solo das neuroses, sua patologia e sua terapia. Em seguida, ramificou-se, num esforço permanente e cada vez mais intenso para mostrar que o seu sistema de relações conceituais, embora planejado com o fito de explicar fenômenos patológicos (aparentemente arbitrários, psicologicamente destituídos de sentido), também está em condições de oferecer explicação causal adequada dos fenômenos obviamente significativos da vida psíquica normal.

A Patologia (como Virchow reconheceu na biologia) *foi* estratégica para o estudo os processos normais[5]. Mostrou que o chamado estado normal de coisas, que aceitamos com naturalidade, é apenas uma das muitas possibilidades. Assim, a patologia abriu caminho para a análise causal, por intermédio da qual a Psicanálise, com êxito e

5. A Patologia teve ainda outro papel no desenvolvimento da Psicanálise: exceto pelo amor e pelo medo mortal, somente o sofrimento verdadeiro e a esperança do alívio poderiam ter induzido um homem a permitir a outro ter acesso quase ilimitado a seu mundo interno, o que abriu a porta para a Psicanálise poder explorar seu campo inicial de evidências. Que esta abertura seja, ao mesmo tempo, um obstáculo à verificação independente da teoria psicanalítica é tão natural quanto parece ser paradoxal à primeira vista.

coerência, abalou as barreiras entre o normal e o patológico, a criança e o adulto, o recôndito e o patente, o excepcional e o corriqueiro (Freud, 1900, pp. 538-540). Não é acidente histórico o fato de a teoria de Freud desenvolver-se a partir do estudo da patologia.

A Patologia e sua terapia foram elementos estratégicos para o descobrimento dos aspectos corriqueiros da normalidade e da patologia; mostraram-se, porém, menos estratégicas no que respeita ao descobrimento das diferenças entre o normal e o patológico. Lentamente, com o desenvolvimento da psicologia psicanalítica do ego, a Psicanálise começou a redescobrir as diferenças entre o patológico e o normal, a criança e o adulto, os fatores que coibem ou auxiliam a adaptação. Até agora, os conceitos de estrutura, autonomia, adaptação e realidade são os principais instrumentos que a teoria emprega, na tentativa de descobrir tais diferenças. Aí são os conceitos que distinguem a Psicanálise das teorias genéticas reducionistas (que não vêem clivagem alguma entre o normal e o patológico, o adulto e a criança) e da teoria de G. Allport (1935-47) e teorias semelhantes (que estabelecem uma separação nítida entre aqueles mesmos fatores).

Não podemos encerrar esta discussão sem discorrer, ainda que brevemente, acerca dos métodos pelos quais as evidências iniciais foram obtidas.

Atualmente, a metodologia está em moda e todas as considerações a respeito de método e técnica são dignificadas por aquele nome. Sem embargo, raramente se dá atenção a uma tarefa metodológica essencial: o estudo das relações entre uma teoria e o método de observação, através do qual são obtidos os dados que essa teoria visa explicar. A questão é: até que ponto uma teoria, baseada em dados obtidos com a utilização de um determinado método, reflete a natureza dos dados e até que ponto ela reflete o método de coleta de dados e suas limitações? Se uma pessoa emite um som, num quarto vazio, nada mais ouvirá, possivelmente, além do eco do som produzido; analogamente, um investigador *poderá*, talvez, obter um pouco mais do que aquilo já inserido no seu método. Por exemplo, necessitamos saber até que ponto as "leis do aprendizado" são leis da natureza humana e até que ponto são produtos do método usado pelos associacionistas e condicionadores para "estabelecer" as leis. Da mesma forma, até que ponto a teoria psicanalítica reflete a natureza humana e até que ponto reflete apenas os métodos usados por Freud no estudo da natureza humana?

O estudo metodológico revelará possivelmente que alguns métodos psicanalíticos (por exemplo, o do grupo binário, terapeuta-paciente) tiveram uma influência caracterizadora na teoria psicanalítica (ver Rapaport, 1945). Embora não caiba, aqui, análise minuciosa desse problema, gostaríamos de sugerir que a análise metodológica pode perfeitamente levar a uma distinção entre a teoria psicanalítica *geral* (que pouco depende de tais métodos) e uma teoria psicanalítica *específica* (que deles depende). Em constraste com a teoria específica, a teoria geral deve ser passível de teste por métodos diferentes daqueles que lhe forneceram a evidência inicial. Neste ensaio, focalizamos aspectos da teoria que não dependem, de maneira óbvia, desses métodos e tentamos evitar os conceitos que estão claramente associados a eles, como os conceitos de transferência, interpretação, etc.[6]

C. RELAÇÕES DAS OBSERVAÇÕES PARA COM A TEORIA

Em seu esboço, o Dr. Koch pede que selecionemos as principais variáveis empíricas, dependentes e independentes, da teoria e que estabeleçamos sua ligação com as correspondentes variáveis dependentes e independentes sistemáticas. Já discutimos (ver secção K do capítulo anterior) as dificuldades de tal empreitada. Para evitar repetições, falaremos apenas[7] da relação que vincula uma observação empírica às variáveis da teoria.

Consideramos o efeito do uso de certas palavras, imaginando que uma pessoa diz "Agora as coisas estão se deturpando", e apresentemos o contexto em que a teoria psicanalítica se baseará para fornecer explicação de um comportamento verbal.

O comportamento verbal em tela ocorre durante uma discussão em grupo. – Os demais elementos do grupo reagem manifestando consternação. – Nossa pessoa fica surpresa diante da reação dos companheiros. – Descobre, logo após, que não usou a palavra "aclarando" (que pretendia usar e imaginava ter usado), mas a palavra "deturpando"*.
– A pessoa fica embaraçada com a descoberta. – A discussão girava em torno de um erro administrativo, no trato dos negócios do grupo. – O pronunciamento de nossa pessoa deu-se depois de uma explanação, formulada pelo presidente do grupo. – O presidente havia atribuído o erro não a intenções condenáveis, mas ao fato de o tesoureiro ter interpretado mal uma instrução, emitida pela presidência. – O presidente contava com o respeito de todos os integrantes do grupo e dirigia os trabalhos com grande autoridade.

Em termos de psicologia do senso comum, estamos, aqui, diante de um lapso de linguagem.

Em termos descritivos: a intenção consciente do sujeito era a de concordar com a explanação do presidente. Não agiu conforme sua in-

6. Um exemplo para esclarecer a relação entre método e teoria; parece que H. S. Sullivan (1946-47), tomando como ponto de partida os métodos psicanalíticos de dois grupos e da observação participante, chegou a uma teoria da personalidade que dissolve o conceito de indivíduo e concebe a pessoa como um dos focos quase estáveis, em uma rede de relações interpessoais. Na teoria de Sullivan, o método de investigação e o conceito de transferência que nele se baseia adquirem papel dominante, com a conseqüência de que a teoria supera uma importante característica da natureza do tema, a saber, a individualidade da pessoa. Para Sullivan, a individualidade aparece como um prejudicial mito anticientífico, que ele reduz à função de *personificação* do sistema do eu.

7. Este exemplo simplifica uma situação real pela eliminação de pontos obscuros, para evitar longas explicações de assuntos periféricos.

* O Autor, no trecho em causa, vale-se da similaridade de sons entre *clear* (claro) e *queer* (estranho) – que procuramos conservar ao empregar "aclarando" e "deturpando" (N. do T.).

tenção; pelo contrário, expressou-se de uma forma que causou consternação; não se deu conta de que deixara de agir conforme queria, e de que seu pronunciamento provocara consternação. Quando lhe contaram o que realmente havia dito, sentiu-se embaraçado.

Em termos de linguagem de dados: a variável independente (intenção consciente) determinou um valor para a variável dependente (declaração verbal de concordância e conhecimento consciente disso). Entretanto, uma variável interveniente atribuiu outro valor para a ação componente da variável dependente (declaração verbal discordante, provocadora de consternação). A variável interveniente deixou inalterado o elemento relativo ao conhecimento consciente da variável dependente. Uma segunda variável interveniente (realidade externa: informação) alterou o componente relativo ao conhecimento consciente da variável dependente e determinou seu aspecto afetivo (embaraço).

Esta formulação não é "neutra": implica que a variável independente é uma dada "motivação" (intenção). Na verdade, mesmo os termos descritivos implicam isso. Antes de Freud, pelo menos a expressão vulgar, "lapso de linguagem" era neutro; mas agora não o é. Procuremos uma formulação associacionista para mostrar que as linguagens referentes a dados são inseparáveis das linguagens referentes a construtos – e que não podem, portanto, ser neutras: à explanação do presidente associou-se, no sujeito, manifestação verbal de aprovação; todavia, a resposta real estava ligada à explicação do presidente por laços associativos mais fortes; o conflito entre os dois complexos associativos resultou num equilíbrio, em que um dos complexos determinou conhecimento, enquanto o outro determinou a resposta verbal da pessoa.

Em termos da linguagem psicanalítica de construtos: a intenção consciente do sujeito se refere a um interesse adaptativo social do ego. A falha em cumprir tal intenção se refere a uma motivação do id. A ausência da real expressão verbal utilizada se refere simultaneamente à motivação inconsciente (id) que chegou a ser expressa e aos controles inconscientes do ego (defesa) que, embora falhassem no impedir o uso do aparato executivo do ego pela motivação do id, obtiveram êxito no impedir seu acesso à consciência (equilíbrio). O embaraço se refere à manifestação afetiva do conflito entre as motivações inconscientes e o controle restaurado do ego.

Examinemos mais de perto os conceitos envolvidos. A ausência de conhecimento é obviamente o referente do conceito descritivo inconsciente. Também é obvio que a intenção de dizer "aclarando" é um motivo consciente. Mas resulta de inferência afirmar que esse motivo é uma força; e resulta de outra inferência asseverar que o uso de "deturpando" indica a presença de mais de uma força, inconsciente. Também é fruto de inferência dizer que uma terceira força está em jogo – a impedir o conhecimento tanto da falha da intenção consciente quanto do êxito da intenção inconsciente. Resulta de outra inferência admitir que estas últimas duas forças entram em conflito e alcançam equilíbrio, indicado pela similaridade auditiva das palavras "aclarando" (*clear*) e "deturpando" (*queer*) e pelo fato de que a força inconsciente conseguiu controle sobre o aparelho executivo, mas não teve acesso à consciência. Percebemos, assim, que alguns dos conceitos aqui envolvidos estão próximos das observações, enquanto outros estão a distâncias cada vez maiores do nível observacional.

Nas inferências clínicas, a distância entre as observações e os conceitos podem parecer ainda maiores. O clínico pode inferir, por exemplo, que o lapso pertence ao antigo triângulo formado pelo sujeito, seu irmão mais velho e seu pai, que foi reativado pela situação triangular formada pelo sujeito, o tesoureiro e o presidente. Pode ir além e inferir que impulsos agressivos e homoeróticos envolvidos nos ciúmes são as forças inconscientes que conflitam aqui com as defesas do ego contra eles e interferem com os interesses do ego.

Não é de admirar que os psicólogos ficaram com a impressão de que a relação dos conceitos e da teoria psicanalíticos para com as observações é distante e arbitrária. Seria essa impressão acurada? Suponhamos que nosso sujeito seja voluntário para uma sessão de livre-associação e que suas associações girem em torno do tesoureiro e do presidente, e não em torno dos interesses do grupo. Estaremos habilitados a inferir que o agente provocador da palavra "deturpando" é uma força inconsciente dirigida para o tesoureiro e o presidente? Suponhamos, a par disso, que as associações do sujeito não apenas corroboram que esta força inconsciente é um impulso agressivo, mas a identificam como sendo uma variedade de suspeita ciumenta. Admitamos, enfim, que, ao longo das associações, o sujeito venha a perceber que, na verdade, ele tinha sentimentos filiais para com o presidente, e sentimentos mal compreendidos e vagos de irritação com o tesoureiro, semelhantes aos sentimentos que costumava ter para com seu irmão, especificando, desse modo, que a força inconsciente diz respeito ao triângulo sujeito-irmão-pai.

É certo que os conceitos, nesta seqüência (inconscientes, impulso inconsciente, impulso inconsciente hostil, impulso inconsciente hostil e libidinal, impulso inconsciente hostil, libidinal e infantil), estão cada vez mais afastados do lapso de linguagem, que é a observação original. Mas as associações, por sua vez, também são observações e os conceitos crescentemente distanciados são introduzidos com referência a essas observações adicionais. Assim, a distância entre observações e conceitos não é tão grande como parece à primeira vista. Mas ainda permanece uma dificuldade: a relação de cada conceito mais afastado para com a observação adicional correspondente pressupõe os conceitos menos afastados. Exemplificativamente, sem adimitir que o desconhecimento do sujeito é um referente do conceito descritivo de inconsciente, e sem supor o caráter inconscientemente motivado do lapso, não teria sentido inferir que as associações do sujeito especificam a adequação do impulso agressivo (indicado pelo lapso) dirigido contra o tesoureiro e o presidente.

A relação entre observações e conceitos é comum a todas as ciências: *as observações evidenciam as relações teóricas somente para aqueles que já conceberam o observado em termos dos conceitos da teoria.* Mas os psicólogos parecem olvidar esse truísmo quando se trata da Psicanálise. Essa inadvertência é tão comum que a ausência de tratamentos sistemáticos da teoria não basta para explicá-la. Deve haver outras razões, e algumas delas serão a seguir apresentadas, com o caráter de conjecturas.

O psicólogo está habituado com as definições explícitas (e, na verdade, operativas) dos conceitos e é cuidadoso quando se trata de definições de conceitos psicanalíticos. Suspeita que as implicações mútuas de seus conceitos escondem um círculo vicioso. Faltando apresentação sistemática da teoria, podemos receber com simpatia a sua preocupação. Mas devemos ter em mente que, em Física, ninguém pensaria em pedir uma definição explícita de energia que não envolvesse o conceito de trabalho (que, por sua vez, envolve os conceitos de força e trajetória; que, por sua vez, envolvem o tempo e a aceleração; que, por sua vez, envolvem o tempo e a velocidade; que, por sua vez, envolvem o espaço e o tempo). Não discutiremos, aqui, a procura de definições operativas: Feigl (1951) e Frenkel-Brunswik (1954) mostraram que, neste assunto, os psicólogos tentaram ser mais católicos do que o Papa e que a formulação de definições operacionais para *todos* os conceitos nunca foi exigida em qualquer ciência.

O psicanalista clínico usa, com perícia e certa displicência, conceitos que se colocam a grandes distâncias do nível das observações. Por exemplo, ele pode conjecturar, a partir da palavra "deturpando", acerca do que *poderia* estar envolvido no lapso lingüístico, contornando as observações (*e.g.*, associações) e os conceitos intervenientes. A conjectura pode ter fundamento, se as produções prévias do paciente convergiram para ela; ou pode ser mal fundamentada, se o analista é mais imaginativo do que cuidadoso. A conjectura pode mesmo ajudar o paciente a perceber melhor os fatos, se lhe é transmitida. Mas não deixa de ser *conjectura* até que as associações do paciente ou outras produções a confirmem. Algumas destas conjecturas estão de tal modo apoiadas na experiência e se assentam em relações tão comuns, que são *quase* certas. Nesse caso, têm grande propensão para se tornarem lugares-comuns, a ponto de darem, ao observador leigo, a impressão de arbitrariedade ou de "segunda visão" misteriosa, pois implicam a complexidade das relações teóricas até mesmo na mente do psicanalista. Na verdade, o uso que o psicanalista faz dessas conjecturas banais não difere do uso que um eletricista faz de termos técnicos ou de procedimentos de construção e conserto, porque não há referência nem conhecimento de implicações teóricas. Quando as regras práticas da psicanálise clínica são equiparadas à teoria da psicanálise, são inevitavelmente negligenciadas as observações e os conceitos que cobrem o hiato entre os conceitos básicos e as observações iniciais.

Quem escreve a respeito da Psicanálise e quem a pratica tem a tendência de falar de conceitos psicanalíticos e de teorias em termos de "conteúdo". O conteúdo da palavra "deturpando" servirá como exemplo. O uso que o sujeito fez desta palavra nos conduz (ou nos induz) a concluir que um impulso homossexual *pode* estar envolvido na produção do lapso. O *conteúdo* de qualquer lapso *pode* sugerir a natureza da motivação inconsciente nele envolvida. O conteúdo é um importante *guia* para o prático. Muitos psicanalistas sensíveis e experientes orientam-se, em boa parte, pelo conteúdo das comunicações. Muitos se orientam pelo tom de voz ou por outras expressões de emoção. A maioria das contribuições para a literatura tende a insistir no conteúdo e a negligenciar outros guias. Insistir no conteúdo leva a perder de vista a relação funcional (e, pois, conceitual) *para a qual* esse conteúdo é um guia. (O praticante não precisa, obrigatoriamente, manter em foco essa questão; nem mesmo precisa levá-la em conta. Mas o teórico não pode ignorá-la.) A palavra "deturpando" (*queer*), nas circunstâncias em que foi pronunciada, é estabelecedora de equilíbrio entre as motivações do id e os controles do ego. Aí está uma das relações funcionais envolvidas no *lapsus linguae*. O conteúdo do lapso sugere alguns dos impulsos (agressivo e homoerótico) envolvidos nessa relação funcional. Mas estas sugestões só têm sentido teórico se a palavra *queer* e as circunstâncias do pronunciamento forem entendidas como referentes do conceito descrito do inconsciente, do conceito de motivação inconsciente, de motivação impulsiva inconsciente, de conflito inconsciente e de resolução por equilíbrio. Nenhum conteúdo fornece seu total significado, a menos que suas características formais e as de tempo, lugar e contexto de seu aparecimento, sejam levados em consideração, ou, como se diz, abstraídas. O conteúdo da palavra *queer*, como o conteúdo de qualquer comunicação, é preditivo *somente* na medida em que pertence à rede de idéias que representam os impulsos envolvidos. Em outras palavras, o conteúdo é um guia porque pertence a uma rede de relações formais. Se o conteúdo se refere ao complexo de Édipo, ou ao complexo de castração, ou a uma fixação anal, ou a um impulso homossexual, ele o faz sempre, em virtude de uma relação formal, conceitual. Enfatizar o conteúdo parece ser uma das principais causas da negligência das relações entre conceitos e observáveis. Os psicanalistas não são os únicos a dar um salto direto do conteúdo para a motivação inconsciente: peritos que aplicam os testes de Rorschach e outros testes projetivos também dão o salto, freqüentemente, com menos experiência e sempre com menos informação colateral que justifique o procedimento[8]. Recentemente, McClelland (1955) conclamou os psicólogos a reviver seu interesse pelo conteúdo. McClelland está certo: chegou o momento de realizar sérios trabalhos experimentais sobre os conteúdos. Uma palavra de advertência é, porém, oportuna. Quanto mais familiares se tornam os conteúdos com os quais opera a teoria psicanalítica, tanto maior é o perigo de olvidar ou de tornar nebulosas as relações conceituais[9].

8. Ver, entretanto, o tratamento que Shafer (1954) dá ao conteúdo, visto como um guia para as relações formais.

9. Freud parece ter-se expressado como segue, respondendo, em uma carta a Abraham, aos comentários deste sobre *Mourning an Melancholia* (1917a): ". . . você não enfatizou suficientemente a parte essencial da minha hipótese, *i.e.*, a consideração topográfica nela existente, a regressão da libido e o abandono da catexe inconsciente, e. . . em vez disso, você colocou o sadismo e o erotismo anal como explicação final. Embora você esteja certo, quanto a esse

ponto, você deixa de lado a explicação real. O erotismo anal, os complexos de castração, etc., são fontes ubíquas de excitação que devem ter sua participação em *qualquer* quadro clínico. A respeito delas, ora se diz isto, ora se diz aquilo. É claro que enfrentamos a tarefa de dizer o que é feito deles, mas a explicação das desordens só podem ser encontradas no mecanismo – considerado dinamicamente, topograficamente e econonicamente'' (Jones, 1955, p. 329).

4. Construção de Formas de Função

A Psicanálise, como teoria, não fez um estudo formal de construção de suas relações funcionais. Assim, qualquer afirmação sobre elas deve ser fruto de inferências. Os capítulos precedentes cobriram o que parece praticável, nessa área. Aqui podemos apenas acrescentar uma discussão da "forma funcional" da teoria, em relação às formas funcionais de Lewin e às formas funcionais do tipo S-R.

A forma funcional básica de K. Lewin (1938) é $B=f(P,E)$; ou seja, o comportamento é uma função tanto da pessoa quanto do ambiente*. Aqui B representa o comportamento em geral e não qualquer de seus aspectos específicos; E representa o ambiente, na condição de espaço vital da pessoa, e não qualquer de seus aspectos específicos; e P representa as características estruturais e de tensão das regiões intrapessoais no instante do comportamento, não a pessoa enquanto entidade histórica em mutação.

A relação $B=f(P,E)$ pode assumir valores extremos que a transformam na forma funcional básica S-R, se fizermos três suposições: *Primeira:* há situações ambientais onde o comportamento (resposta) é invariante com respeito a diferenças individuais e alterações intrapessoais; então, para todos os valores de E para os quais tal suposição é legítima, a função se transforma em $B=f(E)$. Esta é uma situação na qual a textura causal do ambiente tornou-se compulsória. Em termos de psicologia psicanalítica do ego, esta é uma situação na qual inexiste autonomia em relação à realidade externa. *Segunda:* E (espaço de vida) não varia de indivíduo para indivíduo; (tais variações não são

* Poderíamos usar $C= f(P,A)$, com letras abreviadas correspondentes. Preferimos deixar $B=f(P,E)$ (B: *behavior;* P: *person;* E: *environment*), como no original (N. do T.).

levadas em conta por esta equação). *Terceira:* certos comportamentos são determinados não por E, em geral, mas por um de seus elementos específicos; em outras palavras, B é invariante em relação a E, com exceção de um só de seus elementos específicos, S. Usando o termo *resposta*, R, para indicar esse comportamento especificado, e usando o termo *estímulo*, S, para indicar os especificados de E, chegaremos à equação $R=f(S)$.

De modo análogo, $B=f(E)$ pode ser transformada na forma funcional daquela fase da Psicanálise em que o papel da realidade era insignificante e era dominante o papel dos impulsos e defesas da pessoa, na determinação do comportamento. Efetuando a transformação, devemos salientar que as relações entre espaço (de vida) "geográfico" e "hedológico", abriu margem para todos aqueles que desejam transformar E em uma função de P e, assim, transformar a equação $B=f(P,E)$ em $B=f(P)$[1]. A teoria "sensoritônica" de Werner e Wapner (1952) – que postulava um fator tônico na percepção – introduz P no E percebido e, assim, também deixou margem (pequena) para a mesma transformação. Outros, particularmente Brunswik, Heider, Gibson e, mais recentemente, Klein (1954), recusaram-se explicitamente a fazê-lo. De acordo com os estudos de Piaget, a "construção da realidade" é uma conquista ontogênica e não um processo de "aprendizado imitativo" ou "condicionante". Assim, também em sua teoria, as considerações genéticas podem sempre transformar E em $E=g(P)$, embora aqui todas as funções g tenham, na verdade, a forma $E_n = g_n\ (E_{n-1}, P)$, e o próprio P está sujeito a mudanças históricas $[P_n = h_n\ (P_{n-1}, E_{n-1})]$. Não obstante, cada teoria genética tende a transformar $B=f(P,E)$ em $B=f(P)$: nas teorias genéticas, o reducionismo genético é sempre uma tentação[2].

Pode alguma psicologia dinâmica escapar de tal redução? A psicologia personalista de Allport tem as salvaguardas mais explícitas contra tal redução, que torna o homem ou um mecanismo colocado à mercê de seu ambiente, ou uma criatura solipsista, colocada à mercê de seus impulsos. O que impede Allport (1935-47) de cair em uma das duas alternativas se expressa em seu conceito de autonomia funcional, que implica o seguinte: qualquer que seja a história genética (maturação ou aprendizado) de uma função, ela pode atingir a autonomia, servindo de base irredutível do comportamento. Na teoria psicanalítica, uma solução parecida foi independentemente encontrada por Hartmann e expressa em seus conceitos de esfera livre de conflitos e funções autônomas do ego. Entretanto, cumpre observar que o conceito de Hartmann é um conceito de autonomia *relativa:* funções e estruturas têm somente autonomia limitada em relação ao impulso ou ao processo de aprendizado de que se originou. Assim, por exem-

1. Brunswik e Heider salientaram o fato de que o ambiente de Lewin é "encapsulado". G. S. Klein afirmou que Lewin desconsiderou a "estrutura inerente" do ambiente e centrou-se exclusivamente na sua estrutura perceptível.

2. Ver, porém, Erikson (1950a, 1950b, 1956b).

plo, comportamentos *determinados* por tais estruturas podem ser *sobredeterminados* pelos impulsos; podem ser usados tomando os impulsos na condição de meios; e, sob tensão, a sua autonomia não vige necessariamente e eles podem conduzir a formas ontogenicamente anteriores[3]. As implicações da teoria genética da inteligência, devidas a Piaget (1936), são similares: as "reações circulares" novas e de mais alto nível – e os "esquemas" correspondentes a elas – atingem a independência em relação aos esquemas dos quais surgiram. Mas os esquemas de ordem mais baixa e as reações circulares não são *restituídos* pelos mais altos e podem sempre ser reativados quando estes últimos não proporcionam os meios para enfrentar a situação encontrada.

B=f(P,E) implica que não são possíveis as relações amplamente válidas do tipo *B=f(P)* ou *B=f(E)*. Se a forma funcional *B=f(P)* deve ter validade em mais do que simples domínio estreitamente especificado, *E* deve ser introduzido como uma variável interveniente. As mesmas considerações se aplicam para a validade de *B=f(E)*, exigindo a introdução de *P* como uma variável interveniente. Mas nem *E* nem *P* são variáveis simples: ambas são funções de outras variáveis, que só podem ser mantidas constantes em diminuta gama de condições. Se admitimos que a experiência pessoal que a pessoa tem de seu espaço de vida é nossa informação básica sobre seu ambiente geográfico, então *E* é uma função do ambiente geográfico e de *P;* e se *P* variar com a experiência, como efetivamente varia, então *P* é uma função dos *P* e *E* precedentes.

Vamos encarar o problema sob outro ângulo. Os valores extremos que fazem *B=f(P,E)* transformar-se em *B=f(E)* ou em B=*f(P)* implicam que são possíveis certas relações um-a-um (biunívoca) entre estímulo e resposta, impulso e comportamento. Mas sabemos, empiricamente, que, em geral, esta é uma suposição insustentável, pois *S,* isolado, raramente é o único fator efetivo em *E;* e *D,* isolado raramente é o único fator efetivo em *P*. Logo, se *S* ou *D* são escolhidos como variáveis independentes, os outros fatores passam a atuar como variáveis intervenientes. Em outras palavras, o aspecto notável do comportamento humano é o de que o homem freqüentemente enfrenta diferentes estímulos com um mesmo comportamento, e estímulos idênticos freqüentemente provocam respostas diferentes. O mesmo acontece com as motivações: um dado motivo pode ser expresso por uma grande variedade de comportamentos ou ver-se satisfeito por diversos objetos; e uma grande variedade de motivos pode ser expressa pelo mesmo comportamento ou ver-se satisfeita por um mesmo objeto (ver Frenkel-Brunswik, 1942; e Gill, 1959). Portanto, se estímulos ou motivos são usados como variáveis independentes, torna-se necessário introduzir variáveis intervenientes para explicar o fluxo de variável dependente. Assim, a teoria do aprendizado introduz conjuntos, ati-

3. Esta é apenas uma conseqüência possível da tensão, e não uma conseqüência necessária. Entre outros, Jacobson (1949) e Bond (1952) relatam observações de crescente autonomia e eficiência sob tensão. Ver também Rapaport (1958b).

tudes, etc., como variáveis intervenientes, para manter a forma funcional *R=f(S)*. Se *P* é a variável independente, *E* servirá como interveniente, e vice-versa. Nas psicologias em que *P* é diferenciado, e o motivo (*e.g.* o impulso) é a variável independente, as estruturas (defesas, controles, etc.) aparecerão como variáveis intervenientes. Naquelas psicologias em que *E* é diferenciado, o contexto e o "cenário" aparecerão como variáveis intervenientes.

Em conclusão: pela natureza da teoria psicanalítica, as variáveis intervenientes são indispensáveis nas suas formas funcionais. Parece que isso vale para todas as psicologias dinâmicas e a gama de variáveis intervenientes que seriam usadas em tais psicologias depende do grau de autonomia que atribuem às estruturas e funções envolvidas nos fenômenos estudados[4].

4. Pode-se objetar dizendo que o uso das variáveis intervenientes não depende do grau de autonomia que o sistema associa às estruturas e funções, mas depende, em vez disso, do método de observação pelo qual os dados da teoria são obtidos. Por exemplo, R. R. Holt (comunicação pessoal) comenta: "Skinner não necessita de variáveis intervenientes porque situa o comportamento em um estreito âmbito, onde *S* e *R* podem ser relacionados matematicamente". É provável, entretanto, que o procedimento de Skinner também tenha raízes em uma escolha de relações autônomas (automáticas). Parece que o grau de autonomia, bem como o papel atribuído às variáveis intervenientes, depende do método de observação usado. O método psicanalítico, isoladamente, não permitiu e certamente não requereu introduzir-se, na teoria, o conceito de autonomia. Foi introduzido quando os dados obtidos por outros métodos de observação também foram considerados pela teoria. Reciprocamente, Hebb (1949) parece ter entendido, ao contemplar métodos de observação (*e.g.*, o de Senden) diversos do condicionamento, que a relação *S-R* não independe (não é autônoma) do que se passa entre *S* e *R*.

5. O Problema da Quantificação

O mais simples, neste ponto, seria reafirmar, que a Psicanálise, como uma disciplina, ainda não tentou a quantificação, abandonando, pois, a discussão desse item. Expressaríamos justificada impaciência com o "furor das medições" que envolveu a psicologia, lembrando, de uma parte, a história da teoria da evolução (na qual praticamente nada se mediu por longo tempo) e, de outra parte, tudo aquilo que se vem medindo febrilmente nos laboratórios de psicologia, sem boas razões para isso. Tem-se a impressão, às vezes, de que a esperança em tais medições está bem expressa em um provérbio húngaro: "Mesmo a galinha cega, apanha um grão de vez em quando".

Mas a questão da quantificação não pode ser levianamente abandonada. A Psicanálise – como todas as outras ciências – ordena, iguala, compara e distingue observáveis, e tais procedimentos, caso conduzidos de modo preciso, revelam-se como operações matemáticas (Piaget, 1950, v. I). Assim, todas as ciências, na tentativa de tornar precisas as suas asserções, movem-se para a matematização das inter-relações estabelecidas por seus procedimentos.

Uma vez que a matemática pode ser métrica ou não-métrica, a quantificação é apenas uma forma de matematização. Em contraste com a quantificação costumeira, K. Lewin (1936) tentou introduzir a topologia e Piaget (1947) tentou introduzir a teoria de grupo na psicologia, na condição de matematizações não-métricas. A matematização não-métrica não exclui, necessariamente, a quantificação; na verdade, não está claro se as quantificações de Lewin são resultado de seu êxito ou de sua falha na busca de matematização não-métrica. O problema da matematização métrica e o de saber que tipo de quantificação, se algum, se ajusta a qual tipo de relação psicológica.

É provável que a Psicanálise não tenha desenvolvido uma dada matematização e que a psicologia acadêmica não tenha ido longe em seus esforços extremantes por chegar a uma quantificação, porque ambas são ciências em fases iniciais de desenvolvimento. Nesta altura é até mesmo difícil discutir a questão de saber se a Psicanálise visa a matematização métrica ou não-métrica. Seria certamente prematuro afirmar que a quantificação é a espécie de matematização apropriada para a teoria psicanalítica. A discussão em torno da quantificação que vem a seguir não envolve afirmação desse gênero, mas adota-a como atitude: uma vez que o problema da quantificação foi levantado e como a quantificação *pode* ser a matematização apropriada para a Psicanálise, alguns dos problemas envolvidos devem ser explorados. Este capítulo insistirá em dois tópicos: no conceito quase-quantitativo de catexe, que é, de todos os conceitos da teoria, o que mais reclama a quantificação; e na espécie de quantificação – se alguma – requerida pela teoria.

A. CATEXE[1]

A teoria psicanalítica envolve conceitos quase-quantitativos. Os mais notáveis são os impulsos, concebidos como forças, e suas catexes, concebidas como quantidades de energia. Por que, então, não foram ainda medidos? Para responder a essa questão é necessário discutir as distinções que a teoria psicanalítica estabelece entre várias formas de energia.

1. A energia muscular do comportamento não é a energia psicológica da qual fala a teoria psicanalítica: as forças psicológicas que, em sua atuação utilizam energia psicológica, somente *libertam* as forças que usam a energia bioquímica dos músculos.

2. A energia psicológica é considerada (sob o prisma que nos importa) como de origem impulsiva. Para explicar as principais formas de sua manifestação, dois processos de transformação são postulados: ligação e neutralização. Ambos resultam em formas de energia (*ligada, neutralizada*) que diferem da forma original da energia impulsiva (*móvel*).

3. Essas três formas de energia e os dois processos de transformação podem ser caracterizados como segue:

a. *A energia móvel* é governada pelo princípio do prazer: tende à descarga imediata pelo caminho mais curto, evitando desvios e atrasos. Essas descargas diretas podem tomar a forma de ação, idéia, ou afeto (*e.g.*, ação impulsiva, ritual impulsivo, ação fortuita; desilusão, idéia obsessiva; e descarga afetiva incontrolada, como acesso ou pânico, etc.). Os processos que despendem energia móvel são concebidos como processos primários. Fazem uso de diversos *mecanismos* (*i.e.*, transformações específicas de energia) como, por exemplo, condensação, deslocamento, substituição, simbolização, etc. Estes mecanismos aparecem em todas as facetas do comporta-

1. Para referência, ver Cap. 2, Secção G e Cap. 3, Secção A, 4.

mento, embora sejam comumente ilustrados por meio de exemplos tirados da ideação (*e.g.* sonhos). A energia móvel, embora sua função venha particularmente bem ilustrada pelos comportamentos mencionados acima, não se refere a uma classe de comportamentos, mas a um componente de qualquer comportamento.

b. *A energia ligada* é definida como energia manifesta em estruturas. Breuer (Breuer e Freud, 1895, pp. 140-141) a comparou com a enervação tônica dos músculos. As estruturas, cuja construção se equipara a uma ligação de energia, são concebidas, de um lado, como estruturas controladoras e defensivas do ego (que tornam possíveis o pensamento ordenado, a afetividade controlada e o comportamento com vistas a um objetivo) e, de outro lado, como estruturas que são os meios (informações; hábitos; conceitos; padrões antecipatórios, gramaticais, sintáticos, e lógicos, etc.) usados pelo pensamento ordenado, pela afetividade controlada e pelo comportamento orientado para um objetivo. Os processos tornados possíveis por tais estruturas defensivas e controladoras, e por tais estruturas de caráter intermediário, são concebidas como processos secundários. A transformação da ligação converte energias móveis em energias ligadas. As estruturas assim criadas opõem-se à mobilidade das energias não-ligadas e também atuam como os meios (aparatos) através dos quais essas energias não-ligadas são gastas e controladas. Há grande gasto de energia nos processos primários; comparativamente, as estruturas formadas por ligação podem atuar (autonomamente) com um gasto mínimo de energia psíquica; controlando a descarga das energias móveis (de grande intensidade) criam altos potencais de ação. Tal como acontece nos mecanismos físicos, transformam, poupam, e despendem energia. Os conceitos de processo de ligação e de estruturas que ele gera explicam aquele aspecto da organização psicológica que não reduz a tensão, mas a preserva ou mesmo aumenta (ver Freud, 1900, pp. 533-534; e Allport, 1935-47).

c. *A energia neutralizada* é definida como energia cuja tendência para obedecer ao princípio do prazer (descarga direta imediata) se vê diminuída. Essa definição implica um aspecto de formas de energia, variando desde energias pouco neutralizadas até energias altamente neutralizadas. O processo de neutralização é definido como a transformação pela qual as energias impulsivas, cujo *tipo ideal* é considerado não-neutralizado, são transformadas em energias de vários graus de neutralização. A tendência para a descarga (entropia) é comum a toda energia, tanto física quanto psíquica: podemos conceber energias que são somente mais ou menos fiéis a essa tendência? As limitações de nosso conhecimento sistemático nos permitem apenas uma resposta de caráter analógico:

O princípio de entropia se aplica, certamente, aos sistemas fechados de energia física; mas os organismos, como outros sistemas abertos e como estruturas mecânicas feitas pelo homem, adiam e obstruem a atuação da tendência entrópica. Os organismos agem desse modo, por serem estruturados e por construírem outras estruturas (ver Schriedubger, 1943). As estruturas feitas pelo homem agem desse modo evitando gastos de energia cinética (como represa), transformando-a, assim, em energia potencial, e controlando os gastos de energia cinética por meio de pequenas variações da energia potencial (como na grade de uma válvula eletrônica).

A neutralização é considerada como o resultado da construção de estruturas pelo processo de ligação (ver Rapaport, 1953c; e 1951a, particularmente Parte 7). Estas estruturas, através da elevação dos limiares de descarga das energias impulsivas e da construção de novos "diques" controladores, obstruem a tendência em favor da descarga direta, impõem o atraso e o desvio e, dessa forma, originam motivações derivadas cuja tendência para a descarga direta e imediata se vê diminuída: dá-se um passo em direção à neutralização de catexes. Com ulterior construção de estruturas, mais estímulos derivados aparecem, os quais despendem catexes de um grau ainda maior de neutralização.

As observações também necessitam de pressuposto de que há transformações que invertem os efeitos da ligação e da neutralização. Estas observações dizem respeito, de um lado, ao enfraquecimento dos controles e das defesas, e, de outro lado, à chamada libidinação ou agressivização das funções e das estruturas. Essas transformações podem ser chamadas de "mobilização" ou "desneutralização"[2]. Os referentes dessas transformações podem ser observados em estados normais especiais (*e.g.*, sonhos), em condições patológicas (*e.g.*, compulsões e ilusões), etc.

A complexidade dessa teoria de energias psíquicas e de suas relações com a energia motora do comportamento tem conseqüências de largo alcance para a quantificação. A energia motora do comportamento é "controlada" pela economia das energias psicológicas e pela correspondente dinâmica das forças psicológicas que operam através das estruturas psicológicas. Caberia sugerir que esta relação é semelhante ao controle de grandes quantidades de energia (muscular) por meio de uma rede de informações que atua com quantidades menores de energia (psicológica). De outra parte, no âmbito das energias psicológicas encontramos uma relação similar: o gasto de grandes quantidades de energia (energia impulsiva móvel) é controlado por uma rede que atua com menores quantidades de energia (energia ligada e neutralizada). Além disso, como os processos de ligação (construção de estrutura) e de neutralização se repetem, criando sempre novas camadas na hierarquia ascendente de organização psicológica, deparamos com uma série de redes controladoras arranjadas em profundidade.

Um dos obstáculos para a quantificação torna-se agora óbvio. O comportamento aberto é, como regra, uma representação remota dos processos psicológicos que lhe dão origem. Assim, embora as

2. Ocorrem no processo de regressão. Freud discutiu-as, como a dissolução, pela regressão da fusão dos impulsos libidinais e agressivos (difusão) ver Freud, 1926, pp. 46-48, verm também Gill e Brenman, 1959, Cap. V).

observações sugiram fortemente a necessidade de conceitos como o de catexe e os que se referem às transformações catéxicas, a medida de seus referentes é dificultada pela circunstância de que um conjunto de observações exige pressupor uma complexa organização hierárquica de controle, regulando o dispêndio catético e as transformações catéticas por meio de estruturas que operam com pequenas quantidades de catexe. Se a teoria fosse coesa, sob o prisma sistemático, se as suas definições fossem explícitas, e se as suas regras dedutivas fossem específicas, então as descontinuidades (resultantes dos múltiplos controles aos quais os gastos catéticos estão sujeitos) não seriam obstáculos para a quantificação. Mas a teoria está muito longe da coesão. O melhor indício da fragilidade da teoria está em que o volume de suas proposições verificadas experimentalmente é suficientemente amplo para confirmar uma teoria bem mais sólida.

Ainda assim, a situação não é tão desesperante como sugerem as complexidades descritas. A teoria da catexe inclui proposições quase-quantitativas na forma de desigualdades. Por exemplo, a seguinte desigualdade vale para catexes móveis: na ação impulsiva, a quantidade de catexe é maior do que na carga afetiva; essa quantidade, na carga afetiva, por sua vez, é maior do que em uma idéia. Esta série de desigualdades é, *per se,* uma quantificação primitiva[3] (intensiva) e tal espécie de quantificação é inerente à teoria. Não há razão, por exemplo, para que os graus de mobilidade (ou, reciprocamente, os graus de neutralização) das catexes deixem de ser expressos em termos daquelas desigualdades. Foi precisamente isso que fez R. R. Holt em seu estudo (1950) de manifestações do gênero processo-primário no teste de Rorschach. Uma escala ordinal que empregue os processos de seriação adotados pelos psicólogos parece ser, *nos dias atuais,* o método mais adequado para assinalar as relações quantitativas primitivas da teoria. Há, entretanto, algumas dificuldades a contornar; algumas dessas dificuldades merecem menção explícita e delas passamos a falar.

A seriação ordinal dos fenômenos do gênero processo-primário pode fazer crer que a teoria postula um simples *continuum* de neutralização, quando, em verdade, isso não acontece. O decréscimo de mobilidade manifesta-se juntamente com a ligação (formação de estruturas), ou seja, com o estabelecimento de novos níveis hierárquicos, que diferem entre si não só quanto ao grau de mobilidade de catexe, como também quanto às estruturas e espécies de motivações. Enquanto o grau de mobilidade é um parâmetro comum em todos os vários níveis hierárquicos, as diferenças qualitativas das estruturas e motivações, de nível para nível, tornam difícil determinar aquela característica do comportamento que, quando avaliada e posta em

3. Ver a discussão de Piaget (1950) da quantificação intensiva. As discussões de Piaget sobre o desenvolvimento dos conceitos de quantidade e sua relação com a lógica e a matemática são relevantes para os problemas da quantificação em psicologia.

escalas quantificará aquele parâmetro comum. Sempre que inadequada a característica do comportamento escolhido para a avaliação, o que se faz é comparar itens heterogêneos. R. R. Holt parece ter evitado esse erro, o que exigiu considerável domínio da teoria; ainda assim, as medidas usadas permanecem grosseiras.

Conclui-se que os casos individuais dos fenômenos do gênero processo-primário não são obstáculos insuperáveis à quantificação. Que dizer, porém, de um segmento do comportamento (um registro de Rorschach, ou TAT, ou uma entrevista clínica) que contém diversos destes casos individuais? Cada um deles pode ser avaliado. Mas podemos contá-los? Se podemos, qual a justificativa para fazê-lo? Se decidimos dar-lhes valores, serão aditivos? Estas questões ainda não receberam respostas. Talvez tenhamos de aceitar, por largos períodos, respostas estritamente empíricas, sem apoio teórico, na esperança de que tais respostas revelem que a teoria tem as soluções desejadas ou poderá vir a tê-las. Também é possível que as respostas empíricas venham a mudar radicalmente a teoria. Este problema não se aplica especificamente ao estudo de Holt. Nos estudos de privações de alimento, usando TAT, encontramos diferenças individuais nas estórias de um grupo de sujeitos igualmente carentes: algumas estórias contêm muito material *remontante* relacionado a alimentos; outras contêm algum material relacionado, mas esse material está *fortemente* associado. Podem ser adicionados os valores destes produtos individualmente diferentes? A relação entre intensidade do impulso (quantidade de catexe), de um lado, e a freqüência e a intensidade de seus indicadores, de outro, é um importante problema não solucionado da quantificação.

B. QUANTIFICAÇÃO DIMENSIONAL[4]

Que perspectivas se abrem para a quantificação das variáveis desta teoria?

Antes de tentar responder esta questão, acentue-se que as tarefas urgentes para os estudiosos são estabelecer relações que a teoria postula (e que requerem sistematização) e examinar as áreas que exigem novas observações. Sem nos preocuparmos entre outras coisas, que boa parte da psicologia do ego está ainda por delinear, e que nosso conhecimento dos afetos está necessitando urgentemente de sistematização, etc., a discussão de problemas de quantificação, pode falsear a situação atual: a matematização, em geral, e a quantificação, em particular, requerem uma teoria sistematizada e fortemente consolidada.

4. Após a preparação deste manuscrito, A. Menkes e J. Menkes publicaram um artigo (1957) que contém um exemplo desta espécie de quantificação e discute, com propriedade, a necessidade de tal quantificação.

Quando o físico mede algo, sabe as dimensões de seus observáveis, tais como expressa em termos do sistema CGS (centímetros, grama, segundo); a par disso, quando estabelece uma constante, sabe que sua dimensão torna a equação verdadeira, não só quantitativamente, mas também dimensionalmente. Em $s=(g/2)t^2$ a dimensão de s é C, de t é S, e de g é C/S^2; assim, substituindo estas dimensões, temos $C=(C/S^2)S^2$, indicando que a equação é dimensionalmente verdadeira. A clássica escala de resistência também é um meio de quantificação. Mas em vez de fornecer medida dimensional, ela proporciona apenas uma quantificação *ad hoc*. A maioria das medidas – se não todas – (*e.g.* QI) da psicologia de hoje são quantificações *ad hoc*. Sem uma teoria sistematizada, nenhuma quantificação dimensional é possível. Em Física, ninguém tentaria submeter a teste uma teoria, por meio de certa medida, sem primeiro assegurar-se da relevância do que se mede e como se vai medir. As dimensões são os critérios de relevância. Os psicólogos, entretanto, "testam" as proposições psicanalíticas sem estudar e sistematizar a teoria que dá significado àquelas proposições. As teorias só podem ser submetidas a teste quando são seriamente encaradas. Testar é matematizar, e matematizar é descobrir, nas relações propostas pela teoria, as relações de maior grau de abstração. Tais observações não podem ser derivadas de proposições isoladas, mas somente do sistema de inter-relações que a ligam entre si.

Até agora, não sabemos como obter uma quantificação dimensional de variáveis psicanalíticas; mas não podemos ficar de braços cruzados, já que observações adicionais são necessárias para a sistematização da teoria e para a quantificação dimensional. Contentemo-nos com as quantificações *ad hoc*, mas não devemos perder de vista o objetivo da quantificação dimensional. Para alcançá-lo, teremos de aprender a considerar o *locus* de nossas variáveis na hierarquia motivacional e estrutural e comparar variáveis entre si, para chegar a equações que representam reais equilíbrios de forças, ou equilíbrios entre estruturas e forças, etc. Progressos em direção à quantificação dimensional exigirão, a cada passo, longas séries de experimentos que façam variar as condições experimentais de modo sistemático. O atual modismo dos experimentos limitados, de alvo único (provavelmente estimulado pelo prêmio que representam as publicações, e pela política editorial das revistas de psicologia), atrapalha o progresso da quantificação dimensional. Experimentos limitados, como é natural, usam quantificações *ad hoc*, e raramente se ajustam às quantificações *ad hoc* de outros experimentos. As experiências de Lewin, em psicologia do ato e dos afetos, evitaram esta armadilha até certo ponto e mostraram como as relações *ad hoc* podem ser evitadas pela variação sistemática das condições experimentais, orientada por uma teoria coesa. Os relatórios destas experiências foram redigidos em alemão e, por isso, pouco se divulgaram, exceto nos resumos preparados por Ellis (1950) ou no sumário feito pelo próprio Lewin (1935), onde nenhum dos quais descreve o método.

Um dos malefícios da quantificação *ad hoc* está em que, mesmo quando fornece resultados estatisticamente confiáveis, estes podem dever-se a mero acaso, decorrente da escolha das tarefas experimentais e dos sujeitos. Mesmo a réplica aparentemente precisa de um experimento pode conduzir a resultados diferentes. As dimensões principais não sendo conhecidas, variações "menores" que passem despercebidas, nos arranjos experimentais, afetam os resultados. Em outras palavras, sem conhecer as dimensões envolvidas é impossível predizer que mudanças corresponderão a diferenças hierárquicas, e para quais tipos de sujeitos as réplicas objetivamente "precisas" corresponderão a arranjos experimentais completamente diversos. George Klein (1954, Klein, Schlesinger e Meister, 1951) mostrou que algo semelhante a isso ocorria no efeito "agora está visível, agora não está visível", discutido por Bruner-Goodman (1947).

Quanto à possibilidade e aos pré-requisitos da quantificação dimensional: *Primeiro,* a quantificação dimensional, em psicologia, pode *não* ser viável. Não aceitamos essa alternativa; em parte, porque exigiria provas negativas, que são difíceis se não impossíveis de conseguir, e, em parte, porque desencorajaria pesquisas posteriores. *Segundo,* a procura de uma quantificação dimensional pode levar à matematização não-métrica. *Terceiro,* uma quantificação dimensional pode desenvolver-se.

O caminho pelo qual estaremos aptos a fazer uma escolha, diante destas três possibilidades, será, na minha opinião, preparado por um novo enfoque do problema do aprendizado:

As dimensões físicas são massa, espaço e tempo. A Física expressa o movimento da massa (*i.e.,* suas variações de posição no espaço e no tempo) e as mudanças na *estrutura* da massa, assim como os gradientes e as causas (força, energia) de tais mudanças, em termos dessas dimensões. Se tivéssemos dimensões psicológicas, elas também teriam de capacitar-nos a expressar processos psicológicos, assim como estruturas psicológicas e suas variações. Na teoria psicanalítica, as estruturas desempenham um papel tão fundamental que a quantificação dimensional será apenas uma esperança longínqua enquanto as tendências e as variações da estrutura psicológica não puderem ser expressas nas mesmas dimensões que os processos psicológicos. Em outras palavras, o estudo do processo de formação da estrutura psicológica parece ser o requisito primordial para haver progressos na quantificação dimensional. Devemos estabelecer como os processos se transformam em estruturas; como uma estrutura, uma vez formada, varia, e como ela dá origem e influencia processos. Isso poderia ser conseguido, por exemplo, mediante estudo dos processos pelos quais as estruturas hipotéticas de Hebb (montagens e seqüências de fase) são formadas e alteradas e mediante estudo dos processos pelos quais estas estruturas alteram novos processos em andamento. Da mesma forma, isso poderia ser conseguido mediante o estudo daquelas estruturas cuja gênese e função a Psicanálise concebe nestes termos: quando os impulsos encontram um obstáculo para a descarga de suas catexes, são formadas estruturas que servem, daí por diante, tanto como obstáculos (defesas contra) quanto como meios de descarga.

Esses exemplos referem-se a mudanças ditadas pela experiência. Saber se cada formação de estrutura (naquele sentido amplo que tem em conta a matriz de maturação-epigenética)[5] deve ou não ser considerada como um aprendizado (*i.e.*, variações permanentes, ditadas pela experiência) é um problema tanto empírico quanto conceitual. Mas parece que o aprendizado pode ser considerado como um processo de formação de estrutura. Os processos de aprendizado verbal e formação de hábitos podem ser considerados como subordinados a esta categoria mais ampla, embora seu estudo possa ou não vir a revelar as relações entre processo e estrutura.

Que estudo revelará esta relação? Adams (1931) sugeriu que o principal obstáculo para o estudo do processo do aprendizado é a sua lentidão. Hebb (1949) ressaltou a lentidão dos primeiros passos do processo de aprendizado. O ônus dos estudos do desenvolvimento, de Piaget (1936, 1937, 1945, etc.) no livro a respeito de *As Origens da Inteligência* e na fase posterior, é o mesmo. É possível que somente estudos longitudinais venham a esclarecer a relação entre processo e estrutura. Todavia, como a metodologia dos estudos longitudinais ainda é obscura, aí está uma esperança remota. Talvez a resposta venha de um novo ataque à aprendizagem, vista como formação de estruturas que tenham em conta a suposição de Hebb, segundo a qual o aprendizado tardio atua pela recombinação das "seqüências de fase" já estabelecidas, centrando-se, assim, nas variações destas seqüências de fase, mais do que em sua origem.

A perspectiva imediata de uma breve clarificação do processo de formação de estrutura não parece muito rósea. Esta clarificação, porém, parece um pré-requisito para a quantificação dimensional na Psicanálise, em particular, e talvez mesmo na psicologia, como um todo.

Mas a busca de quantificação dimensional não deve corresponder a um desprezo pela quantificação *ad hoc.* Esta pode ser um passo para aquela, desde que se deixe claramente entendido que a quantificação *ad hoc* não dispõe hierarquicamente de estruturas e funções que ela quantifica. A possibilidade de chegar a uma quantificação dimensional pode ser mantida em aberto associando o cuidado e a habilidade dispensados às quantificações *ad hoc* a uma constante atenção com o *locus* hierárquico das inter-relações assim quantificadas.

Toda esta discussão a propósito da quantificação é, entretanto, em certo sentido, abstrata e estéril. Uma discussão apropriada deveria iniciar-se com uma análise da literatura experimental relativa às proposições freudianas. Dispomos de inúmeros levantamentos dessa literatura (*e.g.* Sears, 1943; Hilgard, 1952), mas eles se resumem nisto: de que maneira as proposições psicanalíticas são confirmadas por "estudos objetivos"? Um levantamento que poderia sugerir solução para o problema da matematização ou da quantificação deveria centrar-se não nos *resultados* destes estudos, mas *em seu*

5. Ver Cap. 2, Secção D.

método, nas variáveis que seriam os *alvos* da sua quantificação, e *na técnica* de quantificação usadas. Faltando progressos vindos da habilidade experimental acoplada a um sólido preparo teorético, a melhor promessa de êxito para a solução do problema da quantificação parece estar no aludido levantamento.

6. Organização Formal do Sistema

A. ESTÁGIO PRESENTE DO SISTEMA

A teoria da Psicanálise cresceu por força de sucessivos saltos, nos cinqüenta anos de trabalho de Freud. Adições e revisões fazem-na parecer mais uma colcha de retalhos do que um projeto arquitetônico, porque suas conseqüências para a estrutura do sistema não passaram, freqüentemente, de assunto de comentários ocasionais, de Freud, ou de artigos esparsos de outros psicanalistas. Isso basta para evidenciar falta de rigor da teoria e ausência de padrões explícitos de acordo com os quais as revisões e adições seriam ajustadas ao sistema. Não obstante, a teoria psicanalítica apresenta uma unidade estrutural marcante, embora escondida sob camadas sucessivas de ações e modificações e ainda não exibida e explicitada.

Os "revisores" da teoria de Freud obscureceram ainda mais a unidade estrutural de sua teoria. Jung e Adler, elaborando teorias relativamente independentes, não lhes deram forma sistemática, para distingui-las mais nitidamente da teoria de Freud. A situação é ainda pior com as "revisões" de Stekel, Rank, Sullivan, Horney, M. Klein, Kardiner, Alexander, French, Reik, Fromm, Rado (ver Munroe, 1955). Cada um desses autores atacou e negou certas proposições de Freud, substituindo-as por outras (as quais freqüentemente contêm um núcleo válido), mas nenhum deles estabeleceu como suas revisões afetavam a teoria como um todo. Alguns (Stekel, Kardiner, Alexander, French, Reik) afirmaram que suas revisões não afetavam o resto do sistema, embora não tenham feito qualquer tentativa para demonstrá-lo. Outros (Rank, Horney, Sullivan, Rado) deixaram implícitos que o sistema de Freud havia sido substituído pelos seus próprios sistemas, aos quais, porém, nunca deram formulação completa. Nenhum neofreudiano tomou conhecimento de toda a teoria psicanalítica, nem conseguiu integrar nela sua própria contribuição. Não há uma única tentativa de substituir a teoria psicanalítica por um sistema completo que seja capaz de ter em consideração todos os fenômenos alegadamente explicado pela teoria freudiana. Tentativa desse gênero poderia obviamente incluir uma demonstração de que alguns dos problemas abordados pela teoria psicanalítica são pseudoproblemas que podem ser ignorados. A ausência de uma clara formulação explícita da teoria é responsável por tudo isso, como também o são os "revisores" que não se sentiram obrigados a examinar o sistema antes de revisá-lo. O estudo dos escritos dos neofreudianos freqüentemente nos faz duvidar de que os autores percebiam a existência e a natureza do sistema implícito na teoria psicanalítica.

Há três apresentações rudimentares importantes do sistema da teoria

Primeiro, Freud, no Cap. 7 do livro *A Interpretação dos Sonhos* (1900) e em seus *Trabalhos sobre Metapsicologia* (1911b, 1912, 1914b, 1915a, 1915b, 1915c, 1916b, 1917a) faz tentativas no sentido de apresentar o sistema. Uma das mais intrigantes questões da história da Psicanálise é a de saber por que esses trabalhos foram tão pouco estudados. O fato de a forma dessas tentativas não ser sistemática não explica inteiramente a questão. As formulações do presente ensaio derivam desses escritos, o que também ocorre com as tentativas de sistematização a serem mencionadas abaixo.

Segundo, a *Teoria Psicanalítica das Neuroses* de Fenichel (1945), enquanto focaliza a teoria clínica da Psicanálise, dá contornos persistentemente à teoria geral e dá uma idéia do seu sistema. Todavia, o sistema permanece implícito, e o experimentador que deseje iniciar pelas formulações de Fenichel precisa, preliminarmente, separá-las de sua matriz clínica. Com a morte de Fenichel, a Psicanálise perdeu um de seus poucos sistematizadores. Seu ensaio a propósito da teoria da técnica (1941a) é um começo de sistematização da teoria da terapia. Sua publicação póstuma, *Collected Papers* (1922-36, 1936-46), contém discussões sistemáticas de idéias de M. Klein, Kaiser, Fromm e outros "revisionistas". Essas discussões e seu artigo a respeito da teoria de Freud sobre o instinto de morte mostram que a teoria psicanalítica é suficientemente coesa para tolerar exclusão e inclusão sistemáticas de novas contribuições.

Terceiro, o desenvolvimento da psicologia do ego é, talvez, a demonstração mais clara da natureza sistemática da teoria psicanalítica. No trabalho de Anna Freud (1936), a teoria clínica das defesas começa a adquirir uma forma sistemática; no trabalho de Erikson (1950), o desenvolvimento do ego e a teoria psicossocial da Psicanálise ganha contornos e no trabalho de Hartmann (1939a) (complementado pelo de Kris e Loewenstein [Hartmann, Kris e Loewenstein, 1946, 1949; Kris, 1950b]), a teoria do ego desenvolve-se lado a lado com uma progressiva cristalização da teoria geral da Psicanálise. Todas essas contribuições mostram que a teoria psicanalítica pode crescer organicamente de modo a incluir as observações e formulações válidas dos neofreudianos, sem tornar-se uma incoerente colcha de retalhos e sem necessidade de descartar qualquer de seus segmentos principais. As contribuições atestam que a teoria tem suficiente coerência sistemática não apenas para rejeitar soluções incompatíveis, mas também para desenvolver teorias compatíveis do ego, da realidade, das relações interpessoais e da psicologia social.

B. O DESEJÁVEL NÍVEL DE FORMALIZAÇÃO

O nível desejado de formalização é, em certo sentido, uma questão empírica. Supondo que todos desejem estar do lado "certo", podemos admitir que o ideal será a procura da explicitação máxima e que tão-somente as limitações do nosso conhecimento impedem atingir esse ideal. A axiomatização de Newton se faz explícita e seu valor heurístico mostra que isso era desejável. Já o valor heurístico e sistemático das últimas formalizações de Einstein é muito questionado. A física atual não dispõe de um sistema axiomático unificado. Em resumo, ao que tudo indica, somente a experiência pode decidir quando e como a axiomatização pode ser *significativamente* levada adiante na Psicologia ou em qualquer outra ciência.

Contudo, vale a pena indagar: por que os psicólogos estão interessados na axiomatização? Na verdade, a axiomatização tem sido sempre um produto tardio na história de qualquer ciência. Séculos de geometria egípcia precederam Euclides. Newton teve centenas de anos de física atrás dele, e não apenas Galileu e Kepler. As ciências não nascem dos axiomas, mas neles culminam. Sistemas axiomáticos não exibem o caminho percorrido por uma ciência, em seu desenvolvimento — ocultam-no. Os sistemas axiomáticos lembram os artigos de muitos psicólogos, autores que, como todos nós, chegam penosamente aos seus resultados mas que escondem esse fato: da leitura de seus escritos se depreende apenas que eram dotados de extraordinária introvisão que desperta sentimento de inferioridade em todos os demais estudiosos que lidam com seres humanos ou controlam atividades humanas.

Esse anseio pela axiomatização indicaria que os psicólogos acreditam ser a psicologia capaz de alçar-se, erguendo-se pelo insólito processo de puxar-se pelos cordões dos próprios sapatos? Devemos crer que estamos em condições de perceber o caminho a trilhar contornando a longa estrada percorrida pelas demais ciências e pensando axiomaticamente? Crer que podemos derrotar as demais ciências nesse jogo axiomático? Crer que há meios para simplesmente jogar com a experiência ganha em outras tentativas de axiomatização? Mas que acontecerá se nossas intuições nos levarem a desprezar a evidência empírica já existente e a não ter em conta a evidência ainda não recolhida? E o que sucederá se as tentativas de encurtar o árduo trajeto do desenvolvimento nos conduzir apenas a intermináveis e fúteis desvios — em última análise muito mais estafantes do que "longa e dura" estrada empírica? Seria possível que os psicólogos ignorassem o que os cientistas voltados para as ciências naturais (Beveridge, 1950) e os historiadores da ciência (Dingle, 1952) há muito reconheceram: que a descoberta, em ciência, tem raízes na intuição e não na dedução?

O que foi dito, não se destina a questionar a idéia de que a psicologia pode lucrar com a experiência ganha em outras ciências, nem a diminuir o valor do ideal da axiomatização nem a minimizar sua importância para o desenvolvimento das ciências, nem a sustentar que a elaboração de teorias (incluindo a axiomatização) não é tão essencial para a ciência quanto a "medida": a intuição ou a introvisão *são* teoria. A questão é a de que, na psicologia recente, a *fúria mensuradora* parece ter feito uma pouco santa aliança com a *fúria axiomatizadora* e ambas podem, assim, condenar a psicologia à estagnação.

Piaget, na *Epistemologia Genética* (1950), examinou a história da matemática e o desenvolvimento ontogenético da argumentação matemática, numa tentativa de explicar como essas disciplinas podem ser, a um só tempo, dedutivamente rigorosa e fútil. O estudo de suas investigações é um bom antídoto para o perigo da axiomatização prematura.

A Psicanálise está necessitando de sistematização, porque sem ela o experimentador continuará, provavelmente, testando proposições isoladas e mal construídas, sem perceber o real contexto teórico em que mergulham. Mas a sistematização está longe da formalização e da axiomatização. Muito conhecimento adicional terá de ser acumulado antes de podermos até mesmo começar o trabalho de formalização e axiomatização.

7. O Âmbito de Aplicação do Sistema

A teoria, embora tivesse origem com o estudo da patologia, pretendeu sempre explicar também o comportamento normal e o desenvolvimento (*A Psicopatologia da Vida Cotidiana,* 1904 [1901B]*; *Chistes e sua Relação com o Inconsciente,* 1905a [1905c]; "Humor", 1928b [1927D]; *Três Ensaios sobre a Teoria da Sexualidade,* 1905b [1905D].

Além disso, Freud demonstrou que a teoria e seus métodos podem ser aplicados frutiferamente na antropologia e na pré-história (*Totem e Tabu,* 1913c [1912X]); ao estudo da Literatura (*Delírios e Sonhos,* 1907 [1907A]; "The Relation of the Poet to Day-dreaming", 1908; "Dostoievsky e o Parricídio", 1928a [1928B]; "O Tema dos Três Escrínios", 1913b [1913F]); ao estudo da arte (*Leonardo da Vinci,* 1910b [1910C]; "O Moisés de Michelângelo", 1914a [1914B]); ao estudo da mitologia, do folclore e lendas (*Totem e Tabu,* 1913c; "Um Paralelo Mitológico de uma Obsessão Visual", 1916a [1916B]; "A Cabeça de Medusa", 1922; "A Ocorrência, em Sonhos, de Material Proveniente dos Contos de Fada", 1913a); ao estudo da linguagem ("The Antithetical Sense of Primal Words", 1910a); ao estudo da religião (*Totem e Tabu,* 1913c; "Uma Experiência Religiosa", 1928c [1928A]; *O Futuro de uma Ilusão,* 1927 [1927C]; *Moisés e o Monoteísmo,* 1939) e ao estudo da sociedade (*Totem e Tabu,* 1913c; *A Psicologia de Grupo e a Análise do Ego,* 1921 [1921C]; *Mal-estar da Civilização,* 1930 [1930A]; "Por que a Guerra?", 1932B). Finalmente, Freud afirmou, várias vezes, que era

* As datas entre colchetes se referem à versão portuguesa da Imago (N. da R.).

viável aplicar seu método e sua teoria àqueles fenômenos que englobamos com o uso do termo "psicossomática".

Na verdade, Freud considerou o comportamento e a atividade humana como parte do contexto da Psicanálise. Os psicanalistas adotaram a sugestão e a literatura é farta em artigos e livros que tratam dos campos assinalados acima. Embora essas contribuições tenham levantado acaloramentos e ásperos debates, e embora sua cogência e sua qualidade, nos campos em questão, tenham sido criticados agudamente, e, por vezes, com razão, a situação atual em todos esses campos, parece dar apoio às afirmações iniciais de Freud.

Em resumo, a teoria psicanalítica afirmou-se como sistema de total abrangência quanto às implicações, no estudo do homem. Os psicanalistas agiram de forma a confirmar aquela afirmação. Investigadores de vários campos focalizados pela Psicanálise adotaram alguns de seus métodos, conceitos, teorias e perspectivas. Há suficiente evidência de que aquela afirmação possui um núcleo válido.

Chegamos, agora, às aplicações da Psicanálise ao campo da psicologia propriamente dita. Só podemos, aqui, apresentar um breve esboço dos complexos problemas envolvidos (ver Shakow e Rapaport, 1960).

Embora Freud concebesse a Psicanálise como uma psicologia geral, pouco, em sua teoria, diz respeito diretamente à psicofísica, ao aprendizado e à percepção, áreas centrais da psicologia acadêmica; a par disso, ele não tentou aplicar suas teorias ou métodos à psicologia em geral.

De início, apenas alguns poucos psicanalistas mostraram interesse pela psicologia; por exemplo Schilder (1920, 1924, 1930, 1942), Bernfeld (1934), Saussure (1934). Mas a Psicanálise passou a exercer uma profunda influência na psicologia através da psicologia do desenvolvimento (Piaget, 1926a, 1926b, 1928, 1930, 1931; e Werner 1926), através da psicologia clínica-experimental (Murray, 1933, 1938; e Rosenzweig, 1937, 1938), através da influência das técnicas projetivas na psicologia clínica (Rorschach, 1942; Morgan e Murray, 1935; e outros), através da teoria do aprendizado (Dollard e Miller, 1950; Hull, 1934-37; Mowrer, 1950)[1], e através do crescente interesse dos psicólogos pela psicoterapia. A maior parte dessa influência não partiu da aplicação, feita por psicanalista, de métodos e teoria psicanalítica à psicologia (Jung, Rorschach e Murray podem ser considerados exceções), mas sim da tentativa, dos psicólogos, de usarem as concepções da Psicanálise (mais do que seus conceitos)[2].

1. Para examinar a influência da antiga Psicanálise na teoria do aprendizado, ver E. B. Holt (1915, 1931), Kempf (1921), Humphrey (1920, 1921), Troland (1928) e outros.

2. Conceitos são termos definidos dentro da pauta de referência de uma teoria; concepções são termos e formulações que ou precedem a definição dos conceitos, na história de uma teoria, ou os desprezam. Assim, formulações de concepções usam os termos de teoria de uma forma consoante com o "senso comum", imprecisa ou arbitrária.

Somente com o desenvolvimento da psicologia psicanalítica do ego a Psicanálise começou a adquirir meios para tratar de problemas comuns da psicologia. Hartmann (1939) tornou explícito que a Psicanálise *é* uma psicologia geral, que seus interesses e aplicações se estendem ao campo da psicologia acadêmica, e continuou as interligações entre as proposições da Psicologia e da Psicanálise. Depois dele, diversos psicanalistas e psicólogos treinados em Psicanálise continuaram a relacionar entre si as concepções, teorias, conceitos e métodos psicológicos e psicanalíticos. É de esperar que, como conseqüência desse trabalho, o casual "teste experimental" das teorias psicanalíticas e sua aplicação não testada, pelos psicólogos clínicos, venha, eventualmente, a abrir caminho para a sua aplicação sistemática à psicologia, dentro do sistema de referência que a psicologia psicanalítica do ego começou a construir. Para o avanço desse trabalho de aplicação mútua, a teoria da Psicanálise deve enfrentar duas tarefas principais, a par da sistematização: chegar a um acordo com a teoria de Piaget e desenvolver uma teoria do aprendizado.

Se os achados de Piaget (1936, 1937, 1945, 1950) forem confirmados, a Psicanálise terá de chegar a um acordo com sua teoria do desenvolvimento, vista como um segmento indispensável da teoria do desenvolvimento do ego. Os problemas a serem resolvidos antes disso não podem ser aqui mencionados[3].

Nossa discussão a respeito do aprendizado (ver Cap. 5, Secção B) sugeriu que a quantificação dimensional pode não ser possível sem uma anterior clarificação do processo da formação de estruturas e de aprendizado. Mas a solução do problema da formação de estruturas pode também ser um dos pré-requisitos para uma teoria unificada da cognição (incluindo a percepção), para o esclarecimento da metodologia dos estudos do desenvolvimento e, talvez, para a solução de outras questões importantes tanto para o desenvolvimento sistemático da Psicanálise quanto para a aplicação mútua e fértil dos métodos e teorias da Psicologia e da Psicanálise.

3. Ver estudo de P. H. Wolff (1960) sobre a teoria de Piaget e a discussão de sua relação com a Psicanálise.

8. História das Pesquisas que o Sistema Inspirou

Seria preciso escrever diversos livros para esboçar e avaliar criticamente todas as pesquisas que a teoria psicanalítica "despertou" – questões que a teoria colocou, métodos que nela se originaram e perspectivas que acarretou. Nem mesmo uma simples lista dos pontos mais notáveis de tais pesquisas, nas áreas mencionadas na secção precedente, poderia ser aqui registrada. Restringir-nos-emos, pois, a um levantamento perfunctório das pesquisas que a teoria psicanalítica inspirou no campo da psicodinâmica e da psicologia.

Em primeiro lugar, lembremos os estudos clínicos que originaram vasta literatura psicanalítica e neofreudiana. Aliás, há muito que qualquer estudo de caso, em psiquiatria clínica, se efetua sem apoio na teoria psicanalítica – teoria que, em grau maior ou menor, alicerça muito daquilo que se considera, hoje, pesquisa clínica psiquiátrica. E não esqueçamos que as investigações psicossomáticas, nas duas últimas décadas, nasceram sobretudo de estudos psicanalíticos de neuroses orgânicas e foram conduzidas a um estágio de aceitação mais ou menos generalizado por força do trabalho de psicanalistas como F. Deutsch, Alexander e French, Dunbar e Binger – transformando-se em pesquisa clínica rotineira graças aos esforços de Kubie, Kaufman, M. Levine, Romano e vários outros.

O livro *Organization and Pathology of Thought* (Rapaport, 1951a) contém indicações de estudos sistemáticos que, em determinada área, foram inspirados pela Psicanálise propriamente dita; todavia, um levantamento geral de todos esses estudos ainda está por ser feito.

As técnicas projetivas (que ganharam relevo crescente, seja como assunto, seja como instrumento de pesquisa psicológica) tiveram sua origem na teoria psicanalítica. Rorschach e Murray penetraram fundo na Psicanálise e os testes que elaboraram estão permeados de concepções psicanalíticas. Em verdade, os testes passaram a ser utilizados clinicamente por força da teoria psicanalítica e, em seu uso, revelam o impacto sofrido pela teoria. Os testes utilizam segmentos da teoria psicanalítica na condição de fundamento e de fator interpretativo (cf. Holt, 1954; Rapaport, Gill e Schafer, 1945, 1946); e os testes, além disso, eram empregados com o objetivo de "avaliar" proposições psicanalíticas. Acresce que os testes de Rorschach e Murray e vários testes lúdicos (oriundos de técnicas lúdicas para fins de terapia) provocaram o surgimento de numerosos testes projetivos que também se alicerçam em concepções psicanalíticas e se prestam para "avaliar" outras tantas concepções psicanalíticas. Não importa, aqui, o exame das conexões entre os testes e a teoria psicanalítica, nem o exame da legitimidade dos testes, na condição de "verificadores" da teoria; o ponto a ressaltar é o de que houve, de fato, "pesquisa" inspirada pela teoria psicanalítica.

Nos derradeiros quarenta anos, a teoria psicanalítica abriu margem para um vasto número de estudos de caráter experimental que dizem respeito ao efeito das emoções e da motivação sobre a memória (cf. Rapaport, 1942a). Vários desses estudos pretendiam avaliar a teoria psicanalítica da repressão, mas deixaram de estabelecer distinção entre a teoria da repressão e as teorias hedonistas do prazer e da dor ou entre a teoria da repressão e a lei dos efeitos. Conseqüentemente, tais estudos não mantiveram real ligação, na maioria das vezes (ou na totalidade dos casos), com a teoria da repressão.

Área de pesquisa que também foi inspirada pela Psicanálise é a da percepção assentada em motivação. Murray (1933) e N. Sanford (1936, 1937) foram pioneiros nesse ramo de estudos; Murphy e seus discípulos (ver o levantamento feito por Murphy, em 1947, Cap. XV) deram prosseguimento a essa linha de investigações – que conduziu, posteriormente, à "nova idéia da percepção", esboçada no trabalho de Bruner (cf. Bruner e Goodman, 1947; Bruner e Postman, 1947a, 1947b, 1948; Bruner, Postman e MacGinnies, 1948) e registrada no livro de Blake e Ramsey (1951). Entre os trabalhos que importa assinalar (na perspectiva do presente ensaio), destaque especial deve ser dado aos de Klein e seus associados[1]. Todos os estudos revelam a dose de interesse pela motivação que a Psicanálise fez surgir na Psicologia (ver Boring, 1950, pp. 693 e 713); contudo, a influência de Freud não é, via de regra, muito clara – embora se deva reconhecer que a teoria freudiana da motivação está obviamente presente nos estudos de Murray e Sanford e que a teoria da motivação e a teoria do ego, de Freud, está obviamente presente no trabalho de Klein e seus associados.

A teoria psicanalítica também pode ser dada como responsável pelo renovado interesse, em torno da natureza da hipnose e de seu emprego na condição de método experimental. M. Erickson (1939;

1. Levantamento desses trabalhos encontra-se no livro de Klein, de 1960.

ver, também, Erickson e Kubie, 1940 e 1941), Farber e Fisher (1943), assim como Gill e Brenman (1959; ver, ainda, Brenman e Gill, 1947a), conduziram estudos a respeito da hipnose; Fisher (1953), por sua vez, conduziu estudos a respeito da sugestão (hipnótica) da vigília; tais estudos representam esforços no sentido de aplicar a teoria psicanalítica à hipnose ou no sentido de utilizá-la na condição de meio psicanalítico de exploração.

A Psicanálise estimulou e orientou, de maneira mais ou menos direta, diversos estudos de desenvolvimento, quer longitudinais, quer de secções de corte (cf. Benjamin, Escalona, Spitz, K. Wolf e outros). O campo é tão vasto que não estamos em condições de arrolar, aqui, uma lista de pesquisadores na área, nem uma lista de itens bibliográficos de realce. Ainda assim, cabe uma alusão a Piaget. Os estudos mais antigos de Piaget (até, inclusive, os de 1936, relativos à origem da inteligência), a propósito do pensamento autista e da socialização, nas crianças, sofreu decidida influência da teoria psicanalítica. O trabalho posterior de Piaget encerra críticas à Psicanálise – mas não se liberta da influência de Freud.

Enfim, a Psicanálise – para o bem ou para o mal – inspirou numerosas pesquisas que, originárias de Yale, dizem respeito às teorias do aprendizado. Seja qual for a posição que se venha a adotar, relativa ao embasamento do aprendizado na Psicanálise, é certo que o trabalho experimental de Miller (1948a, 1948b, 1951), que os estudos de Miller e Dollard (1941) e que os experimentos de Mowrer (1950) e de vários de seus discípulos nasceram, por certo, sob a influência da Psicanálise.

Essa enumeração das principais áreas de pesquisa que foram inspiradas pela Psicanálise, no setor da Psicologia, não leva em consideração, contudo, entre outras coisas, a pesquisa em psicologia social (por exemplo, no campo do autoritarismo) e não faz justiça ao trabalho pioneiro de D. Levy (1934, 1938), de Halverson (1938, 1940), de Murray (1938), de J. McV. Hunt (1941; ver, ainda, Hunt, Schlosberg, Solomon e Stellar, 1947) e de muitos outros autores. Lamentavelmente, os levantamentos existentes – *e.g.*, Sears (1936, 1943), Rapaport (1942a), Hilgard (1952) – ou são demasiadamente específicos ou incompletos. A tarefa de preparar um levantamento analítico meticuloso da literatura relevante é formidável: a quantia de obras acerca de pesquisas que estão associadas (supostamente ou de fato) à Psicanálise é imensa. Ainda assim, tal levantamento se faz necessário e urgente. O levantamento seria de extrema utilidade se não se preocupasse com o planejamento de experimentos ou com os seus resultados, mas se concentrasse na relação entre métodos utilizados e teoria psicanalítica.

9. Evidência para o Sistema

A. *STATUS* ATUAL DA EVIDÊNCIA POSITIVA

O corpo mais notável de evidência positiva para a teoria é o das observações clínicas já acumuladas. A primeira conquista do sistema foi de caráter fenomenológico: chamou a atenção para uma vasta gama de fenômenos e para as relações que entre eles se estabelecem, tornando-os, pela primeira vez, significativos e passíveis de consideração racional. No que respeita a esses fenômenos e relações, a evidência clínica já reunida é positiva e decisiva.

A situação é diversa, porém, no que concerne às proposições teoréticas do sistema. Embora a evidência, sob esse prisma, também se mostre volumosa e impositiva, a falta de esclarecimento a respeito do que constitui método de pesquisa clínica válido redunda em indeterminação do peso evidencial positivo do material clínico corroborador. Em que pesem as muitas discussões (*e.g.*, de Brenman e Gill, 1947b; Gill e Brenman, 1946; Kubie, 1946 e 1952; Benjamin, 1950; Escalona, 1952, e assim por diante) acerca da natureza da pesquisa clínica; e apesar dos esforços de French (1952 e 1954), objetivando exemplificar o método, os princípios correspondentes ainda não foram expressos de maneira padronizada. Em verdade, são muitos os psicólogos que duvidam da existência ou da possibilidade de existir outro padrão de pesquisa, diverso do experimental. Sendo questionável a idéia da existência de algo parecido com *o* padrão experimental, as disputas de tais psicólogos não precisam deter-nos. Faltando um padrão de investigação clínica, boa parte da evidência corroboradora da teoria continua sendo fenomenológica e anedótica – embora, como um todo, e dada a sua natureza óbvia, essa evidência tenda a emprestar aparente validade objetiva à teoria. Torna-se urgente, pois, rever os estudos de caso, de Freud, com o fito de esclarecer a questão de saber se tais casos podem originar um padrão de pesquisa clínica – tendo em conta o presente estágio de nossos conhecimentos.

Faltando um padrão de pesquisa clínica, é difícil aceitar, na condição de evidência positiva, as observações que necessitam de prévia interpretação – antes de saber se tais observações confirmam ou refutam as previsões feitas com base na teoria. De fato, é preciso cautela, sob pena de a confirmação introduzir-se por via da interpretação. A axiomatização e/ou um padrão de investigação afastam, em outros domínios científicos, o surgimento de circularidade viciosa. No caso da teoria psicanalítica, a ausência de tais recursos (de axiomatização e/ou de uso de padrões fixos de investigação) é uma real desvantagem – já que, tendo em conta a própria espécie de relação entre observações e teoria, apenas as observações relativas aos conceitos fundamentais e os teoremas podem libertar-se das interpretações (ver, a propósito, o Cap. 3, Secção C).

Exemplificando, uma das proposições básicas da teoria psicanalítica, que se vê corroborada pelas observações, assevera existirem dois tipos de processos mentais: primários e secundários. Pequena dose de interpretação (ou mesmo nenhuma interpretação) é necessária para estabelecer que estados patológicos, estados de sonho e estados provocados pela ingestão de drogas trazem à tona processos mentais que não se ajustam às leis do pensamento logicamente ordenado. Todavia, é apenas nesse nível baixo de abstração que a evidência se mostra concludente, independentemente de interpretações. Assim que se cogita da evidência para os *mecanismos* do processo primário, a observação e a interpretação passam a fundir-se. Isso, *per se,* não deveria anular a evidência, uma vez que não há ciência na qual inexista a interpretação dos resultados encontrados. Na Psicanálise, entretanto, a dificuldade reside nisto: o próprio padrão de interpretações está em tela (ou, pelo menos, está sob suspeita) e é provável que continue em questão até que a natureza do método clínico se haja esclarecido ou até que métodos experimentais novos possam fornecer base independente para a teoria. No pé em que as coisas se encontram, não há padrão capaz de distinguir uma interpretação legítima de uma simples especulação – ainda que, *ex post facto,* um clínico experimentado seja capaz de estabelecer a diferença com notável propriedade.

Dispomos de uns poucos experimentos em que a dificuldade apontada não se manifesta. Entre os mais notórios, os relativos a simbolismo de sonhos (Schrötter, 1911; Roffenstein, 1924) e observações correlatas, devidas a Silberer (1909; ver, ainda, Rapaport, 1957a). Tais experimentos, contudo, são de caráter fenomenológico, pois revelam a *existência* da simbolização, mas não descrevem as *condições específicas* de ocorrência da simbolização. O experimento de Potzl (1917) e a sua reiteração, devida a Fischer (1954), por impressionistas que possam parecer, não deixam de envolver interpretação[1].

1. Não menciono, aqui, os experimentos de D. Levy e de J. McV. Hunt, e outros semelhantes, porque conduzidos com animais – situando-se em nível

A maior parte da evidência experimental para a teoria é questionável – embora no levantamento de Sears (1943), carregado de tendenciosidade negativa, se patenteie a inclinação por aceitar alguns dados experimentais como evidência positiva para a teoria. A grande maioria dos experimentos planejados com o fito de submeter a teste as proposições psicanalíticas revela patente falta de interesse pelo significado (no seio da teoria da Psicanálise) das próprias proposições que se vêem submetidas a exame. Conseqüentemente, esses testes não mediram, por certo, aquilo que se propunham medir. Quanto aos demais experimentos, não está claro se mediram ou deixaram de medir o que procuravam medir. Mesmo onde os resultados parecem cofirmar uma dada relação, presumida pela Psicanálise, os experimentos limitavam-se a submeter a teste uma relação análoga – em um alto nível da hierarquia da organização psicológica. Não se dá, propriamente, que tais experimentos sejam inúteis, na condição de evidência confirmadora; dá-se, em vez disso, que não está claro, tendo em conta o presente estágio de nossos conhecimentos, o que os experimentos confirmam – se é que confirmam alguma coisa. Dificilmente se pode concordar com Hilgard, que se mostra entusiasmado (1952) com a maior parte dos experimentos, que, no seu entender, são relevantes e conformadores. É bem possível que alguns experimentos e alguns achados experimentais venham a encontrar posição adequada no momento em que a psicologia do ego haja esclarecido as relações hierárquicas que vigem na organização psicológica. Controle teorético deverá ajudar-nos a tornar inequívocos os resultados de futuros experimentos; todavia, esse aprofundamento da teoria não assegura êxito, assim como o desconhecimento da teoria não assegura fracasso. O psicólogo experimental que ingressa nos terrenos da psicodinâmica enfrenta as mesmas complexidades que o observador clínico tem tentado contornar nas últimas seis décadas. Aqui não existe "achado fácil" e o "método experimental" não tem ação definida.

Concluindo: a ampla evidência experimental para o sistema, que parece confirmá-lo, em termos de critérios usualmente utilizados em experimentos psicológicos, não pode ser vista como concludente, em termos de teoria psicanalítica, uma vez que a maior parte dos experimentos não leva em conta as definições propostas pela teoria. A ampla evidência clínica, aparentemente conclusiva, em termos de coerência interna do sistema, deixa de ser conclusiva em termos dos critérios comumente adotados pela ciência, pois falta um estabelecido *padrão de interpretação das observações clínicas*[2]. Assim, apenas um pequeno grupo de observações e de experimentos (este, aliás, necessitando de reprodução ulterior) chega a oferecer evidência aceitável para a teoria – em termos da própria teoria e da psicologia, em geral.

de simplicidade que não se constata no caso do ser humano. No momento em que fazia a revisão tipográfica deste ensaio, tive a oportunidade de ler o estudo de Paul e Fisher (1959) – que dá apreciáveis passos no sentido da resolução de dificuldades apontadas no texto.

2. O inexistente *padrão científico de interpretação* não deve ser confundido com as bem estabelecidas *técnicas clínicas de interpretação.*

B. PRINCIPAIS FONTES DE DADOS INCOMPATÍVEIS

Admite-se, com freqüência, que os dados e as teorias das escolas "dissidentes" de Psicanálise (ver Munroe, 1955) são incompatíveis com a teoria psicanalítica, transformando-se, mesmo, em obstáculo para ela. Na verdade, esse não parece ser o caso. Desenvolvimentos recentes da teoria psicanalítica (ver, por exemplo, Zetzel, 1953; e Erikson, 1956b), sobretudo da psicologia do ego, atestam que essa teoria dispõe de elementos que servem para formular conceitos e fundamentar proposições que estariam em condições de explanar as observações feitas pelas escolas dissidentes e as relações legítimas acolhidas por tais escolas. Não há, pois, a rigor, um obstáculo a considerar, mas, em vez disso, uma tarefa a executar.

Também se admite, algumas vezes (particularmente entre psicólogos), que as descobertas e os resultados terapêuticos da terapia centrada no cliente, devida a Rogers, seriam fontes de dificuldades para a teoria psicanalítica. Todavia, isso não corresponde à verdade. O procedimento rogeriano de aconselhamento, pelo menos em sua fase inicial, não se apoiava em teoria psicológica geral, nem mesmo em teoria da personalidade. Os vagos esboços de uma teoria da personalidade que o referido procedimento veio a delinear mais tarde formam, aparentemente, um segmento de uma psicologia do ego. A possibilidade de surgirem contradição e dificuldades está, pois, reduzida e se vê diminuída ainda mais por dois outros aspectos de aconselhamento não-dirigido. Em primeiro lugar, a própria noção de ausência de direção é uma das noções acarretadas pela terapia de cunho psicanalítico. O método da livre-associação, e a atenção "flutuante" do analista (cf. Freud, 1910-19) implicam aquela noção. A livre-associação e a atenção "flutuante" requerem que os problemas do paciente não sejam pré-julgados e que a confiança se deposite na habilidade do paciente vir ele mesmo, espontaneamente, a enfrentar as suas dificuldades. Rogers critica a Psicanálise. A crítica é procedente, na medida em que assevera ter-se diminuído consideravelmente – através do acúmulo de conhecimentos psicanalíticos e através da experiência adquirida no manejo de técnicas de interpretação – o espaço da espontaneidade do paciente, chegando-se, muitas vezes, à situação em que o terapeuta estaria sempre com a razão e o cliente invariavelmente enganado. Na verdade, a psicologia psicanalítica do ego também pode ser considerada como reação a esse perigo e a ênfase na atividade do ego (vista como elemento primordial da terapia) parece ocupar posição central na terapia e na teoria geral de tal psicologia[3]. Cumpre notar, porém, que as raízes do perigo assinalado estão na prática e não na teoria, mesmo no caso da psicanálise "clássica".

Em segundo lugar, a ausência de direção é apenas um aspecto da técnica psicanalítica – e não pode ser mais do que um aspecto de qualquer outra espécie de terapia. A experiência de conselheiros da

3. Ver Sullivan, Horney; ver, também Bergman (1953), Gill (1954) e Rapaport (1951c, 1953d, 1958b).

linha não-diretiva colocou-os diante de problemas de transferência e de resistência, familiares a terapeutas atentos, de qualquer filiação. Estudiosos que adotam o "enfoque não-diretivo", enfrentando esses problemas, põem-se diante da eterna luta da espontaneidade do homem, sua bondade, sua prontidão e capacidade de ajudar a si mesmo, contra a inércia do homem, o medo que ele tem de sua espontaneidade, a necessidade que sente de ajuda, e assim por diante. Se é verdade que ao tratar o homem como criatura desamparada, inerte e carente, nós limitamos sua espontaneidade e sua capacidade de ajudar a si próprio; também é verdade que não eliminamos o desamparo, a inércia e a necessidade de apoio negando-lhes existência. Terapias ou terapeutas que negam qualquer desses itens acabam promulgando sua própria "Lei McCarran"*: mais cedo ou mais tarde, concluem que esse ou aquele tipo de paciente não é da espécie que se ajusta ao seu gênero de terapia. Não raro, esses terapeutas vão mais longe, concluindo que este ou aquele tipo de paciente "não é suscetível de tratamento". A longo prazo, as teorias psicológicas da terapia devem atingir o estágio no qual se torna viável a seleção da terapia apropriada para um dado paciente – e não o paciente que se ajusta a uma dada terapia[4]. Os êxitos obtidos por Carl Rogers, por limitados que sejam, mostram claramente quão pouco sabemos acerca do ego, de sua atividade e de sua passividade, de suas fontes de energia, e assim por diante. As "curas espontâneas", relatadas por Reider (1955) atestam, analogamente, quão grande é nossa ignorância. Neste sentido, Rogers fornece dados que, sem serem "embaraçosos" ou "incoerentes", servem de estímulo para que a Psicanálise explore mais profundamente as áreas comuns e as áreas apenas delineadas da psicologia do ego.

Muitos psicólogos e até mesmo alguns psicanalistas (em especial, mas não exclusivamente, os neofreudianos) admitiram que o estudo de Dollard e Miller (1950) e que os experimentos de Mowrer (1950), bem como a combinação que fizeram, enlaçando Psicanálise e teoria da aprendizagem, permitiram uma exploração da "selva teorética" da Psicanálise, substituindo boa parte dela pela teoria da aprendizagem. A posição de destaque ocupada pela teoria da aprendizagem até há pouco (e talvez ainda agora), no cenário norte-americano, "reforçou" ainda mais aquela suposição. Entretanto, o destino da teoria psicanalítica (assim como, aliás, o destino de qualquer teoria) não pode ser fixado por votação popular; se assim ocorresse, a Psicanálise estaria em má situação, pois a teoria da aprendizagem tem sido, aparentemente, a espinha dorsal teorética (acadêmica) da maior parte da produção re-

* O "Walter McCarran Act" é uma lei relativa à migração, aprovada pelo Congresso dos E.U.A. em 1952, que removia obstáculos raciais, facilitando a imigração. Essa lei dava poderes ao Departamento de Justiça dos E.U.A. para deportar imigrantes (ou cidadãos naturalizados) que viessem a ser considerados como "subversivos" (N. do T.).

4. Ver Knight (1953a, 1953b) e Gill (1954) para exame das relações que subsistem entre a psicologia psicanalítica do ego e os itens ora mencionados.

cente dos psicólogos clínicos. Como, porém, a teoria da aprendizagem não está em condições de nortear o trabalho clínico, os psicólogos apóiam-se, com freqüência crescente, em proposições da Psicanálise – uma teoria que aqueles mesmos psicólogos clínicos não estudaram. Resulta que o "casamento por conveniência", recomendado por Dollard, Miller e Mowrer, entre Psicanálise e teoria da aprendizagem, deve parecer efetivamente salutar, aos olhos de tais estudiosos, já que parece justificar práticas adotadas na clínica e, ao mesmo tempo, se transforma em tábua de salvação para a consciência acadêmica. Cabe indagar: o trabalho desses autores conduz a dados incompatíveis com a teoria psicanalítica e que são embaraçosos para essa teoria? Considerando que os autores se apresentam, a si mesmos, como protagonistas da Psicanálise, tentando dar-lhe alicerce experimental e conceitual sólido, a questão não pode ser respondida com facilidade. Ainda assim, é preciso perguntar: embora os autores (excetuando, sob alguns prismas, Mowrer) não tenham procurado criar dificuldades para a Psicanálise, teriam eles, em verdade, conseguido dados incompatíveis com as teorias e os resultados psicanalíticos? Apenas um breve relato da situação teorética poderá ser dado aqui (podendo-se, para os pormenores, examinar Rapaport, 1952, 1953a).

Os estudiosos conseguiram produzir, pelo método do condicionamento, resultados que são semelhantes aos que, nos animais, se conhecem por "mecanismos freudianos" (Masserman, 1943). Tais resultados não gerariam dificuldades para a teoria psicanalítica nem seriam incompatíveis com esta – se nenhuma afirmação fosse feita no sentido de que também no homem os mecanismos do processo primário e das defesas são frutos de condicionamento. Dollard, Miller, Mowrer e Masserman deixam implícita (para dizer o mínimo) aquela afirmação e, dessa forma, colocam a teoria do condicionamento do aprendizado no posto de *a* teoria da aprendizagem da Psicanálise. Isso *é* incompatível com a teoria psicanalítica, pois torna supérfluos os pontos de vista econômico e genético, conflitando com dados observacionais que tornaram ambos esses pontos de vista partes necessárias da teoria (ver o Cap. 3, Secção A). A teoria psicanalítica não está em condições, presentemente, de contornar a dificuldade apontada, pois não formulou uma teoria da apredizagem capaz de contrapor-se ao condicionamento. Essa falha não se vê diminuída ao mostrar-se que a teoria do condicionamento da aprendizagem não se ajusta aos requisitos empíricos (*e.g.*, problemas de automação, de formação de estruturas, de distinção entre processos primário e secundário) que uma teoria psicanalítica da apredizagem deve poder explicar. A Psicanálise libertar-se-á de embaraços oriundos dessa área apenas quando possuir uma teoria da aprendizagem que venha satisfazer seus próprios requisitos empíricos e teoréticos e, além disso, se mostre suficientemente abrangente a ponto de explanar os fenômenos de condicionamento (incluindo, como casos especiais, os análogos do condicionamento de "mecanismos inconscientes").

O trabalho dos citados autores esbarrou no problema de formações psíquicas persistentes (duradouras), que ocasiona dificuldades para todas as teorias da motivação (em termos de necessidades-recompensa). A crítica dirigida por G. Allport às teorias da motivação e a teoria que ele formulou a respeito do ego psicológico partem desse problema; a psicologia psicanalítica do ego enfrenta o problema diretamente. O *método* de condicionamento empregado por Miller, Dollard, etc., delimitou a forma sob a qual o problema se apresenta para eles: as respostas condicionadas estão sujeitas, em geral, ao desaparecimento; assim, as formações psicológicas duradouras exigem explicação. Por que tais formações não obedecem a essa lei? De que modo se reforçam, a ponto de contornar o desaparecimento? Essa é uma das principais dificuldades de todas as teorias do aprendizado que se assentam no condicionamento (ver Finch e Culler, 1935). A teoria das neuroses dá especial destaque a essas questões, porque os sintomas são, aparentemente, não-compensadores e deveriam, portanto, estar sujeitos ao desaparecimento[5]. Dollard e Miller, assim como Mowrer, procuraram enfrentar o problema admitindo que o reforço, através de impulsos "aprendidos" (condicionados), poderia explicar o não desaparecimento. Esta solução conduz aos mesmos problemas inicialmente colocados, a saber, que os impulsos, aprendidos ou não, deixam de explicar as estruturas duradouras. Esse fato não perturbou, ao que parece, Dollard e Miller, embora ambos soubessem que a questão dizia respeito à psicologia do ego.

Mowrer, contudo, não se mostrou satisfeito com a postulação de "impulsos adquiridos" (que seriam, a par disso, explicados em termos analógicos); afirmou, em vez disso, que tais impulsos são adquiridos por contigüidade – e não por reforço de aprendizagem. Esta afirmação e as observações em que se baseia (ainda que não acolhidas por muitos especialistas em teoria da aprendizagem) são outra fonte de dificuldades para a teoria psicanalítica. As dificuldades persistirão enquanto a teoria psicanalítica explanar os impulsos derivados a partir da diferenciação de impulsos básicos, inferindo que isso ocorre paralelamente com o desenvolvimento de estruturas, sem poder, entretanto, especificar o processo de formação de estruturas ou o processo de diferenciação de impulsos.

Aquilo que mais freqüentemente se considera fonte de dificuldades para a teoria psicanalítica, no sistema de Mowrer (a sua idéia de que a neurose se deve não a um "sobreaprendizado", mas a um "subaprendizado"), não é, em verdade, fonte de dados incongruentes. Mowrer percebeu, ao que parece, que uma teoria do condicionamento (monista ou dualista) dificilmente explica a duração (persistência) de "impulsos aprendidos" e de sintomas não recompensadores por meio do "sobreaprendizado". Por conseguinte – raciocinou Mowrer – se os impulsos e as manifestações impulsivas neuróticas não podem ser vistos como algo "sobreaprendido", devem ser vistos como algo cujo controle está afeto ao que foi "subaprendido". Mowrer

5. N. Maier (1949) levou muito a sério a questão, a ponto de propor uma teoria dualista, aprendizagem por motivação *vs.* aprendizagem por frustração.

identificou, pois, as forças de repressão (censura, superego), que são, para ele, fracas, nas neuroses, a proibições sociais subaprendidas. Isso parece coerente, sob o prisma lógico, mas não o é, sob o prisma psicológico – e se revela duplamente incompatível com as observações e a teoria psicanalítica. Em primeiro lugar, implica justamente aquilo que se deseja provar, a saber, que as estruturas intrapsíquicas e as forças em tela são *aprendidas* (condicionadas). Em segundo lugar, implica que essas estruturas e essas forças são ineficazes, dada a sua debilidade ou total ausência (subaprendizado) – conquanto o conceito de inconsciente, de modo genérico, e as observações relativas ao sentimento inconsciente de culpa, em particular, forneçam explicação diversa, até hoje não contestada por qualquer *evidência*.

Tendo Mowrer afastado a teoria do "sobreaprendizado" que é, *para ele*, o núcleo da "teoria psicanalítica do impulso-repressão", ele supõe haver demolido esta última teoria. A teoria do "subaprendizado" da neurose, que se deve a Mowrer, devidamente traduzida para a linguagem clínica, afirma que a dificuldade, entre pessoas neuróticas, não está em que sua censura (forças repressivas, consciência) é forte, mas em que tal censura é fraca, tendo sido reprimida pela combinação id-ego. Mowrer, entretanto, não especifica o processo pelo qual essa "repressão" se efetivaria. Para Mowrer, neurótica é a pessoa "que não aprendeu a lição". Ele nos leva de volta a preceitos moralistas e religiosos e nos conduz à concepção pré-freudiana de neurose. Ao que tudo indica, Mowrer redescobriu o inconsciente sentimento de culpa, há muito acolhido pela Psicanálise. Não percebendo o local que sua "descoberta" ocupa na teoria psicanalítica, Mowrer explicou-a em termos de teoria da aprendizagem, colocando-a no centro da psicodinâmica, sem preocupar-se com as conseqüências que daí poderiam advir para a própria psicodinâmica.

As teorias e as observações de Piaget, caso se confirmem, podem (embora não obrigatoriamente) revelar-se fontes de dados incompatíveis. As concepções de Piaget parecem mostrar que a formação de estruturas (esquemas) se deve a perturbações no estado de equilíbrio de estruturas (esquemas) já existentes – e que tais perturbações atuam sempre na condição de motivações (algo desejável). Nos termos de Piaget, a função acarreta invariavelmente a alteração estrutural (desequilíbrio) e esta, por sua vez, fornece motivação (desejabilidade) para reiteração da função (reação circular), que consolida a alteração estrutural, ou seja, produz uma nova estrutura (um novo esquema). É possível que as observações em que essa teoria se assenta venham a ser tratadas em termos daquilo que a Psicanálise denomina processos de desenvolvimento autônomo do ego. Se isso acontecer, a teoria de Piaget lançará luz nova sobre a natureza de inúmeras motivações do

6. Observações de Halow, Christie e outros, relativas a "impulsos de atividade", também colocam um problema que se parece com o problema colocado nos estudos de Piaget. Tais observações, contudo, são demasiadamente novas para serem aqui analisadas.

ego e poderá corroborar a hipótese de Hartmann, segundo a qual o ego tem fontes de energia diversas de limitadas e neutralizadas catexes impulsivas. A teoria de Piaget nos obrigaria, ainda, a rever a teoria das relações entre id e ego. Caso as idéias de Piaget e as observações em que elas se apóiam venham a estabelecer que a *única* fonte de motivações é aquela descoberta por ele, a teoria de Piaget tornar-se-ia incompatível com a teoria psicanalítica. De qualquer modo, nada é mais desejável, para a teoria psicanalítica, do que a corroboração dos resultados obtidos por Piaget. A Psicanálise estaria, então, diante de uma teoria genética de amplo escopo, utilizando método de observação que, sob certos aspectos, muito se assemelha ao da própria Psicanálise, sem ser derivável do método de observação desta. A mútua estimulação de um tal confronto só poderá produzir bons resultados[6].

Os psicólogos e, em especial, os de orientação experimental, parecem aceitar que os testes experimentais das teorias psicanalíticas, quando conduzem a resultados negativos, dão origem a dados que ou são incompatíveis com ou perturbam a teoria psicanalítica. Sears (1943) e os vários autores que o citaram ou nele se apoiaram parecem pensar ao longo dessas linhas. Oxalá estivessem certos; mas não estão. Boa parte dos estudos que Sears analisou retiram um enunciado psicanalítico de seu contexto e passam ao exame desse enunciado, não da teoria – acerca da qual os autores pouco sabiam, em geral. Acresce que os autores utilizavam métodos de teste alheios às observações que o enunciado e seus termos acarretavam. É duvidosa a idéia de que qualquer dos resultados experimentais hoje disponíveis se mostre em claro conflito com a teoria. Aliás, o que provoca embaraços para a teoria é justamente a própria dificuldade em se obter dados incongruentes com a teoria ou dados que a ela não se ajustem. A teoria psicanalítica, perfeitamente adequada para os propósitos clínicos, há de tornar-se muito mais sistemática antes de tornar-se viável projetar experimentos que venham não apenas confirmar ou refutar suas proposições, mas, ainda, especificá-los ou modificá-los. Assim, o psicólogo de tendência experimental que estuda a teoria assume a responsabilidade de esclarecer e especificar, sob o prisma teorético, as proposições que pretende submeter a teste. No presente momento, esta é a única forma de obter resultados experimentais relevantes para a teoria e que se mostrem incompatíveis com ela.

C. TESTES "CRÍTICOS" DE SUPOSIÇÕES FUNDAMENTAIS

As dificuldades apontadas, relativas ao teste de proposições psicanalíticas, aplicam-se, naturalmente, aos chamados testes críticos. Esses testes exigem a existência de teorias alternativas ou de possibilidades alternativas, no seio da própria teoria. São poucas (se é que chegam a existir) as proposições psicanalíticas específicas para as quais teorias diversas apresentem uma alternativa; de outra parte, como a teoria psicanalítica não se acha, ela mesma, associada a testes experimentais, não está em condições, via de regra, de colocar alternativas que se acomodem às concepções decorrentes de testes cruciais, mas coloca-as de modo a se ajustarem às concepções decorrentes de interpretações alternativas. No primeiro caso, as alternativas impõem decisão entre duas possibilidades, uma das quais é incompatível com a teoria; no segundo caso, as alternativas são ambas compatíveis com a teoria – uma delas concretizada nos fenômenos estudados, a outra não concretizada nesses fenômenos. A primeira situação está no contexto das possibilidades sistemáticas; a segunda, no contexto do caso único, da seqüência genética específica ou da pessoa individualizada. Assim, testes críticos são praticamente impossíveis, tratando-se de proposições da teoria psicanalítica especial (clínica)[7]. Os testes críticos hão de ser procurados, portanto, admitida a possibilidade de inventá-los, na teoria geral (psicológica) da Psicanálise. Mas o estágio primitivo em que se acha a sistematização dessa teoria geral solapa a formulação dos testes críticos – testes cuja formulação também é minada pela não existência de outras teorias de alcance comparável.

Em vista das razões apontadas, é difícil criar testes "críticos" para a teoria. É provável, porém, que fontes de dados incompatíveis, potenciais ou reais – ou seja, teorias da aprednizagem e idéias de Piaget – devam servir como pontos de partida para a busca dos testes críticos.

Estudos críticos centrados na teoria de Piaget devem, antes de tudo, corroborar as suas observações e ampliá-las para que se apliquem ao comportamento que envolve e afeta as motivações (respeitado o sentido psicanalítico desses termos). O objetivo de estudos que tomassem por centro a teoria da aprendizagem seria o de exibir processos de elaboração de estruturas e processos de aprendizagem, compatíveis com a teoria psicanalítica, mas incompatíveis com as teorias da aprendizagem já existentes – ou vice-versa. Qualquer método quantitativo *pode* conduzir a um teste crítico se delinear, qualitativamente, o processo de consolidação de estrutura; ou seja, se vier a mostrar que, ocorrendo certo conjunto de alterações qualitativas, em certo processo de aquisição, uma estrutura antes inexistente vem a manifestar-se. *Transformar-se-á* em teste crítico se também vier a mostrar que teorias de aprendizagem já existentes são incompatíveis com o processo de formação de estrutura delineado pelo método. Nenhum dos métodos conhecidos presentemente está em condições de transformar-se em via de acesso para um tal tipo de teste crítico. Contudo, arrolamos, a seguir, alguns exemplos de técnicas que poderiam ser tentadas: rastrear, quantitativamente, as alterações qualitativas na aquisição de habilidades que não sejam simples composição de outras qualidades;

7. Previsões clínicas estão sempre acompanhadas da idéia de que todas as motivações admitem múltiplos, equivalentes e alternativos fins e meios. Assim, tais previsões não podem, em geral, especificar qual das alternativas equivalentes cabe esperar; conseqüentemente, os resultados dos testes experimentais de previsões precisam de interpretação prévia – antes de avaliar-se a seu reflexo sobre a teoria.

rastrear as alterações qualitativas que se manifestam no decorrer da aprendizagem de material verbal significante; rastrear a maneira pela qual os indivíduos descobrem, *espontaneamente*, um significado, ou um padrão imerso em material que esses indivíduos analisam, perseguindo, *deliberadamente*, um objetivo diverso. Em resumo, qualquer técnica quantitativa que torne viável acompanhar o curso qualitativo (e não puramente quantitativo) do desenvolvimento de um comportamento – que está a ponto de transformar-se em parte do equipamento quase-permanente de seu comportamento – está em condições de transformar-se, conceitualmente, em método de escolha para um teste crítico.

A longa digressão em torno dos testes "críticos" não tem apoio no atual estágio da teoria psicanalítica, nem no conhecimento que possuo de tais assuntos. Seu objetivo é apenas o de acentuar que os testes cruciais – caso venham a surgir – não precisam ter, obrigatoriamente, como fulcro, as motivações. Em verdade, minha intenção foi a de tornar plausível a idéia de que a contribuição dos experimentos cruciais para a consolidação da teoria psicanalítica pode surgir de regiões bem diversas daquela que, habitualmente, se considera a região apropriada para a busca de tais experimentos. A contribuição pode surgir, talvez, da teoria da aprendizagem ou da teoria da percepção.

10. Métodos, Conceitos e Princípios de Ampla Aplicação

A. O ÂMBITO DE APLICAÇÃO

Ao contrário do que acontece com a maior parte das teorias psicológicas, cuja aplicação fora do terreno inicialmente delimitado é uma questão de futura possibilidade ou probabilidade, o uso da Psicanálise e sua aplicação a quase todas as tarefas e a quase todos os produtos da ação humana foram percebidos e compreendidos desde o primeiro momento.

Não se trata de indagar das possíveis aplicações, mas, antes, de quão efetiva legitimamente essas aplicações foram feitas. De que modo torná-las mais apropriadas e mais eficientes? Uma vez que as aplicações raramente se mostraram sistemáticas, a necessidade e a possibilidade de estudos orientados no sentido de sistematização das aplicações já existentes é praticamente ilimitada. Tais estudos podem perfeitamente aumentar a eficácia das aplicações, colocando-as em paralelo com o presente estágio de desenvolvimento e de sistematização da teoria psicanalítica. O desenvolvimento da psicologia do ego deu à teoria psicanalítica novos instrumentos que contribuíram para aumentar a adequação de sua aplicação em todas as áreas. De modo especial, a aplicação da Psicanálise à Sociologia e à Antropologia muito deveu e ainda deverá aos trabalhos de Hartmann (1947) e de Erikson (1946, 1950a, 1956b); analogamente, a aplicação da Psicanálise à arte ganhou e ainda terá a ganhar com as contribuições de Kris (1952). A alteração que se processou na psicologia do ego, por força das relações entre Psicanálise e Psicologia, já foi examinada acima.

B. MÉTODOS, CONCEITOS E PRINCÍPIOS DE IMPORTÂNCIA DURADOURA

Em seu estudo, o Dr. Koch define "importância" ou "significação duradoura" em termos de capacidade de sobrevivência, capacidade essa independente da "estrutura geral ou do conteúdo hipotético pormenorizado do sistema". Freud repetiu, várias vezes, que é Psicanálise qualquer terapia na qual se tomem em consideração o inconsciente, a transferência e as resistências. Para Freud, por conseguinte, os conceitos de significação mais ampla eram os de resistência, transferência e inconsciente.

Talvez possamos ir além das concepções freudianas se considerarmos, em primeiro lugar, que os métodos, princípios e conceitos de maior independência, num sistema qualquer, são, de um lado, aqueles mais próximos da observação e, de outro lado, aqueles de maior generalidade; e se considerarmos, em segundo lugar, que alguns princípios, métodos e conceitos de todas as teorias mais notáveis tornam-se, em dado momento, a tal ponto gerais que passam a ser de domínio público, deixando de considerar-se como elementos específicos da teoria. A Psicanálise desenvolveu métodos, conceitos e princípios que são, hoje, de domínio público; por exemplo, o método da entrevista[1]; os conceitos de "inconsciente descritivo", de motivação e de defesa; e o princípio do determinismo psicológico. Cabe afirmar, com justiça, que todos esses elementos nasceram antes da Psicanálise. Mas a Psicanálise alterou-lhes o caráter e levou-os para o domínio público, domínio em que agora se acham, com vida que independe da teoria e de suas modificações.

1. *Métodos*

Quais são os métodos da Psicanálise? É útil, preliminarmente, distinguir métodos e técnicas. Definimos técnicas como formas específicas pelas quais os métodos são aplicados; notamos que, em Psicanálise as técnicas aludem, a par disso, a formas e modos de caráter exploratório que também apresentam eficácia terapêutica. As técnicas da Psicanálise têm sido estudadas (Freud, 1910-19; Fenichel, 1941a; Glover, 1928), mas quase nada se falou, de maneira sistemática, a respeito de seus métodos (ver, entretanto, Bernfeld, 1941a). Conseqüentemente, as observações seguintes não podem pretender outra posição senão a de simples esboço preliminar.

Parece que o método fundamental da Psicanálise[2] é o da relação interpessoal (cf. Sullivan, 1946-47; Rapaport, 1945); mais especifica-

1. O método de entrevista implica que o passado é relevante para a compreensão do presente; mas não implica qualquer outro conceito ou pressuposto especificamente psicanalítico (ver Hartmann e Kris, 1945).

2. Preocupamo-nos, aqui, com os métodos específicos da Psicanálise, sem considerar outros, como a sugestão, o apoio, etc. (ver Bibring, 1954).

mente, é a variante da observação participante do método da relação interpessoal. Em particular, vale-se das técnicas da observação participante e, entre elas, da técnica não-diretiva (livre-associação), da técnica interpretativo-genética e da técnica de análise de defesa (ver Gross, 1951; e também Rapaport, 1949, 1953b). Esses métodos e essas técnicas (ao contrário do que acontece com o método das entrevistas) associam-se à teoria da Psicanálise em vista dos fenômenos em que se baseiam serem referentes observacionais do conceito de transferência. Os seres humanos, no trato mútuo, reproduzem padrões que desenvolveram enquanto mantinham relações com "pessoas significativas"; tais padrões de relações aludem, em última análise, aos padrões que o indivíduo desenvolveu em contato com as "pessoas significativas" mais antigas: o pai, a mãe, os irmãos, as babás, e assim por diante. As repetições de padrões de relação constituem os referentes empíricos do conceito de transferência. As transferências manifestam-se a cada momento, em vários pontos, na vida quotidiana; todavia, os métodos psicanalíticos são os únicos, até agora, que permitem a sua observação sistemática e a identificação de suas raízes genéticas. O objetivo do método psicanalítico das relações interpessoais é, justamente, o de provocar tais transferências. O objetivo do método da observação participante é o de tornar conscientes esses padrões transferidos. As técnicas de livre--associação, de interpretação genética e de análise de defesas são intervenções específicas que facilitam a introvisão de tais transferências.

Na medida em que os métodos e as técnicas se associam ao conceito de transferência, nessa medida são especificamente psicanalíticos[3]. Acham-se, todavia, tão intimamente associados a uma ampla e importante gama de observações que é difícil imaginar alterações da estrutura da teoria psicanalítica capazes de modificar ou dispensar tais observações. O que repetidamente se alterou – e provavelmente voltará a alterar-se no futuro – é a ênfase dada, na teoria e na prática, a um determinado método e ao fato de o paciente chegar a vislumbrar os padrões de transferência que adota. Os métodos de entrevista e de terapia – que não visam ganhar informações acerca dos padrões de transferência ou permitir compreensão desses padrões – podem perfeitamente alcançar os seus limitados e diversificados objetivos; nenhum desses métodos, entretanto, conseguiu suplantar os métodos psicanalíticos, por meio dos quais se observam sistematicamente os padrões de transferência. Técnicas projetivas chegam a recolher alguns dados de relevo; mas o ponto recentemente sublinhado, da significação da relação interpessoal entre paciente e pessoa que aplica o teste (ver Schafer, 1954), revela as limitações daquelas técnicas projetivas. Seja qual for o destino dos métodos mais específicos, denominados "técnicas", e seja qual for o juízo acerca

3. Variam, sob esse prisma; dos três, a técnica da livre-associação parece ser a que mais intimamente se associa ao conceito de transferência.

da eficácia terapêutica desses métodos psicanalíticos fundamentais, cabe afirmar que eles continuarão a ser utilizados, por muitos anos ainda, na condição de métodos peculiares de observação.

2. *Princípios*

Na teoria psicanalítica, os "pontos de vista" parecem equivaler aos "princípios". Mas não é chegado o momento de examiná-los, um a um, tendo em conta o seu significado a longo prazo – como se depreende da forma que tais pontos de vista assumiram. Assim, não apresentaremos, aqui, princípios formais, mas, ao contrário, algumas concepções gerais, presentes em vários pontos de vista – e que, segundo tudo indica, hão de sobreviver, seja qual for o destino de ingredientes mais específicos da teoria psicanalítica.

a. O comportamento humano nem é simplesmente aprendido (impresso pela experiência repetida) nem é pré-formado, limitando-se a um desdobramento, no decurso do processo de "maturação".

b. O comportamento humano desenvolve-se de acordo com um "plano básico" (Erikson) de um processo epigenético (de que o desenvolvimento da libido e o desenvolvimento do ego são aspectos específicos), percorrendo uma seqüência de crises de desenvolvimento – em que a solução de cada crise depende da solução dada a crises anteriores[4] e depende do ambiente (social) que a cerca (Freud, Hartmann, Erikson, Kardiner, Sullivan).

c. As leis da epigênese (cuja expressão, na perspectiva global do ciclo vital do indivíduo, é o "plano básico" epigenético) têm por expressão, em termos de prazos curtos, a regulação de todo comportamento e de toda experiência através de estruturas e motivações intrapsíquicas. As regulações de maior relevo são inconscientes.

d. A regulação da experiência e do comportamento através de motivações e de estruturas acarreta: (1) tensões básicas (motivações) no organismo que visam à redução e organizam a experiência e o comportamento com essa finalidade; (2) estruturas básicas, fixadas pela evolução e que, de um lado, servem para assegurar a capacidade de adaptar-se e a própria adaptação do organismo ao ambiente (Hartmann, Erikson), e, de outro lado, se prestam como formas de manter, aumentar e aliviar a tensão que se manifesta no organismo; as estruturas básicas organizam a experiência e o comportamento visando a tais fins; (3) diferenciação das tensões (motivações) e das estruturas, de tal forma que a matriz da diferenciação permanece atuante, ao lado de seus produtos – embora as manifestações se vejam sempre alteradas pelos produtos da diferenciação; (4) essa diferenciação é determinada por leis epigenéticas e por condições ambientais (sociais), planejadas com o fito de combater a

4. Importante, no caso, não é o êxito ou a falha, mas o *tipo* de solução alcançada (Hartmann, Erikson).

crise epigenética em que a diferenciação em tela se manifesta; os produtos da diferenciação transformam-se em garantias adicionais para que o organismo disponha da capacidade de adaptar-se e efetivamente se adapte ao ambiente.

Não se afirma que (i) inexistam outras proposições psicanalíticas de igual grau de generalidade; (ii) outras proposições psicanalíticas, de mesmo grau de generalidade ou de grau de generalidade menor, não disponham de potencial de sobrevivência por longos prazos.

As quatro proposições sumariam o núcleo coeso das concepções gerais da Psicanálise (despida de conteúdos específicos) que se manteve constante através das alterações da teoria e que, possivelmente, continuará a manter-se invariável, em que pesem futuras alterações da teoria. Talvez se pudesse dizer que os pontos assinalados também estão presentes em outras psicologias, não sendo, pois, específicos da Psicanálise. A crítica não procede; a afirmação apenas mostra que as concepções psicanalíticas têm sido gradualmente assimiladas pela Psicologia, entendida em termos genéricos. Nenhuma outra psicologia contém esse mesmo conjunto de concepções gerais, de métodos, de conceitos e de teorias; nenhuma outra psicologia deu apoio a tais teorias, métodos e conceitos com tão larga coleção de observação – só a Psicanálise o conseguiu.

3. *Conceitos*

Os principais conceitos de elevado potencial de sobrevivência, em cada um dos pontos de vista metapsicológicos, são estes:

a. Ponto de vista dinâmico

Os conceitos de forças e conflitos inconscientes estão próximos da observação; todavia, são suficientemente gerais para que possuam elevado potencial de sobrevivência. Os conceitos de impulso, fusão de impulsos, impulsos específicos (instintos sexual, de agressão, de preservação da vida, de busca da morte, etc.) são de menor generalidade e podem perfeitamente modificar-se ou se verem substituídos por outros, se a teoria vier a alterar-se.

b. Ponto de vista econômico

Os conceitos de processo primário, de processo secundário e o princípio de prazer (atendimento de desejos) estão diretamente associados às observações e têm suficiente generalidade para que se imagine a sua provável sobrevivência. Os conceitos de catexe, compromisso e neutralização, todavia, são mais específicos e têm caráter inferencial; embora as observações pareçam exigir alguns conceitos quase quantitativos desse gênero, não é certo que continuem a ser utilizados na forma que hoje adquiriram.

c. Ponto de vista estrutural

Os conceitos de estrutura e de autonomia relativa (Hartmann) são indispensáveis para a teoria e, na atualidade, não é possível imaginar alterações da teoria que viessem a redundar no abandono de tais conceitos. Entretanto, os conceitos de id, ego, superego, assim como a diferenciação do ego em estruturas de defesa, de controle e de meios, não são indispensáveis para a teoria nem são independentes para a teoria, como o são os conceitos acima citados. Ainda assim, um grupo de conceitos estruturais subordinados (*e.g.*, processos primários específicos e mecanismos de defesa, tais como deslocamento, condensação, substituição, simbolização, repressão, isolamento, formação reativa, projeções[5]), de menor generalidade e de maior contato com a observação, tende a manter-se. Não se afirma, contudo, que isso aconteça com respeito a todos os mecanismos de defesa.

d. Ponto de vista genético

Examinamos, acima, o elevado potencial de sobrevivência do princípio epigenético. O mesmo potencial apresenta-se na idéia do papel crucial que têm as experiências das primeiras fases da vida e nos conceitos de fixação e de regressão. Também é provável que se mantenham os conceitos específicos associados ao desenvolvimento da libido, como os de oralidade e analidade (ver Kardiner, 1939, 1945; Sullivan, 1940; Erikson, 1937, 1950a, 1950b), uma vez que esses conceitos se acham diretamente associados às observações. Todavia, é provável que haja radical alteração no próprio conceito de desenvolvimento da libido, na medida em que se torna um aspecto do processo global de epigênese. A noção do *papel especial* da psicossexualidade, ainda que bem ancorada em terreno empírico, não parece possuir o desejável grau de generalidade que lhe asseguraria posto de necessidade teorética (ver Cap. 2, Secção F).

e. Ponto de vista da adaptação

As idéias de que o organismo está preparado para enfrentar um meio ambiente ajustado às expectativas (Hartmann), de aparelhamentos de autonomia primária e secundária (Hartmann), de mutualidade (Erikson), autonomia relativa, com respeito ao meio ambiente (Gill-Rapaport), ou seja, a dependência que os processos secundários manifestam com respeito à estimulação exterior (Freud, 1900, p. 515), de modos e modalidades (Erikson) – essas idéias são muito novas para que delas se faça avaliação adequada. Tudo indica, porém, que hão de permanecer.

5. Objeções podem ser levantadas contra a idéia de discutir os mecanismos de processos primários em termos de estruturas; não posso, contudo, tentar justificar a idéia neste ensaio.

Finalizando, uma rápida palavra a respeito dos conceitos da teoria especial (clínica). Tomemos, a título de exemplo, o conceito de transferência. Encontramo-lo na condição de alicerce da significação, a longo prazo, dos métodos psicanalíticos. Ainda assim, o seu potencial de sobrevivência pode ser visto como potencial que lhe advém por empréstimo. O referente do conceito de transferência não é um processo único, mas uma conjunção de processos. Os padrões transferidos podem ser amplos ou fragmentários; e os processos pelos quais a transferência ocorre e se completa, são múltiplos e variados: atendimento de desejos, deslocamentos, projeções, etc. O conceito de transferência alude a um resultado final: trata-se de um conceito de consecução. O conceito é indispensável na teoria clínica da Psicanálise; na teoria geral, porém, ele se dilui em conceitos referentes a processos. Não nos enganaremos muito, provavelmente, ao afirmar que o mesmo acontece com a maior parte dos conceitos clínicos. Um caso típico é a própria definição de resistência – entendida como a manifestação da defesa. Não se insinua, contudo, que os conceitos clínicos não tenham um potencial de sobrevivência; na verdade, têm, mas apenas enquanto próximos da observação e enquanto os conceitos de processos subjacentes admitem, eles mesmos, uma probabilidade de sobrevivência. Estudo dos conceitos da teoria clínica, sob esse prisma, seria promissor e gratificante; acontece, porém, que não dispomos, até agora, nem mesmo de uma diretriz operativa capaz de efetuar uma separação entre conceitos clínicos especiais e conceitos psicológicos gerais da Psicanálise.

Finalizando, uma [illegible] a respeito [illegible] [illegible] qualidade [illegible] [illegible] potencial [illegible] [illegible] de transferência [illegible] [illegible] da transferência [illegible] de um conceito [illegible] [illegible]

11. Conquistas da Teoria; Convergência, com Respeito a Outras Teorias

A. CONQUISTAS

O programa inicial de Freud (1887-1902, Apêndice) era o de formular uma psicologia geral ao longo de linhas neuropsicológicas. A tentativa não teve êxito e Freud concluiu (1887-1902; Erikson, 1955) que a teoria do comportamento devia ser uma teoria psicológica. Todavia, jamais deixou de acreditar que a Psicanálise, uma vez satisfatoriamente desenvolvida, haveria de exibir os seus vínculos com os processos físico-químico-biológicos. Tais vínculos não foram estabelecidos até hoje e a popularidade reiterada de que gozam os modelos neurológicos não contribuiu para que aqueles nexos se apresentassem. Ao que tudo indica, as tentativas de obter explicações neurológicas ou biológicas do comportamento estão fadadas ao insucesso, pelo menos enquanto a psicologia não atingir um elevado grau de progresso. O programa de Freud (elaboração de uma psicologia geral) deixou a primeira plana, por algum tempo, mas foi reavivado pelo desenvolvimento da psicologia do ego.

Resolver o problema da conversão (transposição somática) era um aspecto do programa original. A natureza do sintoma de conversão histérica – o conflito psicológico do "arrojar-se no somático" – foi e continua a ser um enigma aborrecido, embora Freud desde cedo questionasse a possibilidade de resolvê-lo com os métodos psicanalíticos e a teoria psicanalítica. Os psicanalistas não resolveram o problema; ao contrário, generalizaram-no, transformando-o, primeiramente, na concepção da "neurose dos órgãos" (F. Deutsch, 1939; Meng, 1934) e, em seguida, na "medicina psicossomática" (Alexander, 1934; 1939; French, 1939; French e Alexander, 1941; Dunbar, 1935, 1947; Weiss e English, 1943). O número de pesquisadores que se dedica à questão e o número de pesquisas a ela devotadas são consideráveis; amplas áreas de observação foram exploradas e delineadas e tem sido apreciável o efeito das investigações sobre a medicina. Contudo, não está claro até que ponto algum progresso teorético se alcançou – se chegou a ser alcançado. Os estudos psicossomáticos continuam imersos no problema de "especificidade", um problema que, até hoje, não encontrou solução. Cumpre notar, porém, que uma possível via para a resolução do enigma da conversão apareceu recentemente (ver Travell e Bigelow, 1947).

Os programas até aqui analisados são os da fase dos trabalhos freudianos que preparavam o terreno para a Psicanálise. O programa principal que Freud atribuiu (1900) à Psicanálise propriamente dita era o da exploração do inconsciente. Mais tarde, em 1923, a tarefa se viu alterada, passando a ser a da exploração do id e do ego inconsciente. Descobertas se sucedem em ambos os campos e vasta porção do "eu inconsciente" ainda é terreno que não foi percorrido. Considerando, porém, que a exploração bem-sucedida sempre levanta novas questões, o trabalho, ao longo do programa, pode ser visto como profícuo. Esse julgamento, entretanto, é feito no seio do sistema de referência da Psicanálise: refere-se ao programa exploratório e não ao programa de *submeter a teste* e *desenvolver* a teoria por meio de experimentos.

Um programa paralelo era o de aplicar a teoria ao caso dos mitos, das lendas, da literatura, da arte, da etnologia, e assim por diante, com o fito de evidenciar sua importância para todas as atividades humanas e todos os produtos do comportamento humano – colhendo, assim, ampla base de corroboração fatual. As conquistas nesta direção já foram mencionadas, tendo-se indicado, também, a importância dos novos meios que a psicologia do ego forneceu para a execução desse programa.

Durante um amplo período, a exploração do ego parecia ser apenas um programa abstrato. Freud esperava que informações acerca das funções do ego viessem do estudo das "neuroses narcisistas" (isto é, das psicoses), mas atrasou o estudo dessas neuroses por julgar primordial a exploração do inconsciente. O programa foi, entretanto, indiretamente cumprido através da história da Psicanálise, no estudo das defesas, da censura, dos processos secundários e das relações com o real. Freud realizou, porém, em 1921 e 1923, uma explícita conceitualização do ego sem estudar novamente as psicoses – aparentemente instigado pelo problema "da reação terapêutica negativa" e "do sentimento de culpa inconsciente". Posteriormente, Freud levou adiante o estudo do ego (1926), reexaminando o problema da ansiedade. Outros estudiosos da Psicanálise acompanharam seus passos (Fenichel, 1922-36; 1936-46; Nunberg, 1931; Reich, 1933; Waelder, 1936) e as conquistas dessa fase do programa do ego-psicológico foi, a seguir, dramaticamente ampliado por Hartmann (1939a) e por Erikson 1937, 1945). O ego foi explorado, lentamente, mas com muito êxito, a ponto de novos horizontes se abrirem.

O programa de uma exploração do superego já se achava implícito no estudo da censura (1900). Mas foi o estudo do narcisismo

(1941b) que o colocou em foco, por meio do termo "ego ideal". Conquanto o conceito de superego tenha sido tratado simultaneamente com o conceito de ego (Freud, 1921, 1923) e embora alguns significativos avanços devam ser lembrados, o fato é que o trabalho ao longo deste programa ainda não deixou os estágios preliminares.

Embora a Psicanálise, na condição de terapia, seja, primordialmente, o tema da teoria especial (clínica), cabe lembrar que a teoria da técnica terapêutica é parte do programa teorético geral da Psicanálise. Ela foi assim encarada por Freud, durante a pré-história da Psicanálise (Breuer e Freud, 1895, Cap. III), em alguns dos artigos de "Escritos sobre a Técnica" (Freud, 1910-19) e no "Análise Terminável e Interminável" (1937). Deve-se ressaltar, porém, que o programa aí implícito está longe de ter sido cumprido. Mesmo os estudos sistemáticos (Fenichel, 1941a) dos raros tratamentos amplos existentes acerca da técnica (Glover, 1928; Lorand, 1946) pouco têm contribuído para aperfeiçoar o programa teorético. Quem mais penetrou nestes problemas foi E. Bibring (1954); contribuições relevantes também foram recentemente feitas por Eissler (1953) e Gill (1954). A importância do programa compara-se às dificuldades que se lhe antepõem. O progresso, nesse campo, exigirá não apenas o estudo de técnicas da Psicanálise e de técnicas de outras escolas de terapia, mas, ainda, o desenvolvimento de uma teoria psicanalítica da comunicação.

A explanação teorética de neuroses era um ponto importante do programa. Esse é o campo em que o trabalho da teoria especial (clínica) da Psicanálise obteve maiores frutos, conduzindo a amplos resultados de ordem teorética – resultados constantemente relacionados com o levantamento sistemático realizado por Fenichel (1922-36, 1936-46, 1945). Entretanto, ainda não dispomos de um tratamento sistemático das neuroses que se possa comparar, sob o prisma da teoria geral, ao tratamento que Freud foi capaz de dar aos sonhos (Cap. VII de *A Interpretação dos Sonhos,* 1900).

A explanação teorética das psicoses também era parte do programa. Freud estudou a questão repetidamente, desde seus primeiros estudos em torno de um caso de paranóia (1895, em 1887-1902) e a análise feita do caso Schreber (1911a) – ver, a propósito, 1914b, 1915c, 1916b, 1923, 1924a, 1924b. A execução do programa, contudo, mal principiou, em que pesem as contribuições de Abraham (1907-25), Feder (1927-49), B. Lewin (1950), Fromm-Reichmann (1939, 1948), M. Wexler (1951a, 1951b), Hartmann (1953) e outros, e mesmo tendo em conta os estudos de Putnam, Mahler, Betteiheim e outros psicanalistas, a propósito da esquizofrenia juvenil.

A situação é apenas ligeiramente melhor quando nos referimos à parte do programa que abrange a teoria geral dos distúrbios de caráter, os vícios, a delinqüência, a criminalidade e problemas fronteiriços (Bettelheim, 1950, 1955; Knight, 1953a, 1953b; Redl e Wineman, 1951, 1952).

B. CONVERGÊNCIAS COM RESPEITO A OUTRAS TEORIAS

Não é simples distinguir os seguintes três aspectos: (i) as aplicações da teoria a outros campos, (ii) a influência da teoria sobre outras teorias e, de modo geral, sobre o andamento de outras ciências e (iii) a convergência de resultados fixados pela teoria e por teorias de outras áreas de estudo. A distinção talvez pudesse ser feita ao longo das linhas seguintes: *aplicação* aludiria ao trabalho de psicanalistas em outros campos de estudo; *influência* aludiria à adoção de pressupostos, métodos resultados e/ou teorias psicanalíticas por parte de pesquisadores de outras áreas; e *convergência* aludiria à influência mútua exercida pela Psicanálise sobre outras ciências e vice-versa.

Neste sentido, já se passaram os dias de aplicação (Freud, 1913c; Róheim, 1943, 1950, etc.) e de influência (*e.g.*, Kluckhohn) sobre a antropologia; a convergência pode ser notada, de um lado, no trabalho de Erikson e, de outro lado, no trabalho de antropologistas culturais (embora as opiniões, neste caso, possam diferir). (Ver, ainda, *Psychoanalisis and the Social Sciences*, de Róheim, (1947-55).

O mesmo se diga acerca da Sociologia, em que também já se passaram os dias de aplicação e de influência (Freud, W. Reich. Fenichel, Lasswell e Fromm, em seus primeiros estudos), podendo-se constatar a convergência analisando, digamos, as obras de Parson, Riesman e N. Foote, de um lado (lembrando que as opiniões também se mostram controvertidas nesse ponto), e, de outro lado, as obras de Hartmann e Erikson.

A convergência, no caso da Psicanálise e da Medicina, conquanto óbvia, especialmente no caso da Psiquiatria, é de ordem prática – e não propriamente de ordem teorética.

É duvidosa a possibilidade de falar-se em convergência, ao comparar-se a Psicanálise com os demais campos a que ela tem sido aplicada; no caso da arte, da literatura, da história, e assim por diante, encontramos influência, mas nada mais do que isso.

Examinemos, agora, a convergência manifesta entre Psicanálise e Psicologia. Já dissemos anteriormente que a convergência se deve, em grande parte, à psicologia psicanalítica do ego. A convergência relativamente à psicologia do desenvolvimento é antiga (Werner e Piaget, nos primeiros trabalhos deste último); viu-se reforçada de um lado, através dos trabalhos recentes de Fries, Spitz, Escalona e Leitch, Benjamin, Kris, Mittelmann, sobretudo em estudos longitudinais e de secções de corte; e, de outro lado, através dos trabalhos de Piaget, de Werner e de seus associados, e de outros. O trabalho de K. Lewin e seus associados, por uma parte, e o de French, por outra, são indícios relevantes de convergência. Há convergência da Psicologia com a Psicanálise nos estudos a propósito da teoria da aprendizagem, realizados por Dollard, Miller, Mowrer, Sears, etc. (embora existam os que pensem diferentemente a esse respeito). Também são indicativos de convergência os primeiros trabalhos de Murray, os trabalhos posteriores do próprio Murray e seus colaboradores e os trabalhos de seus sucessores, em torno de questões de personalidade. Indicativos de convergência são, ainda, os trabalhos recentes em psicologia clínica experimental. Mais dois pontos importantes em que se constata a convergência: estudos acerca de motivação e memória e acerca de motivação e percepção – que já foram mencionados acima.

O que está por vir, no que respeita a essa convergência, depende da solução que se venha dar ao problema da formação de estruturas e do aprendizado. Caso a solução provenha da matriz fornecida pela teoria psicanalítica, esta última poderá transformar-se em núcleo da psicologia propriamente dita. Se a solução mostrar-se independente da Psicanálise, então esta se tornará, provavelmente, uma parte subordinada da teoria geral da psicologia, na condição de núcleo de suas teorias clínicas e de suas teorias acerca da motivação – mas seus conceitos e suas teorias serão redutíveis a conceitos e teorias de caráter mais geral. Notar, porém, que as existentes teorias da aprendizagem não permitiram essa redução e é provável que jamais virão permiti-la.

Enfim, atingindo o campo específico da Psicanálise, o desenvolvimento da psicologia psicanalítica do ego começou a recolher contribuições legítimas das teorias das escolas neofreudianas e, dessa forma, deu início à convergência desses resultados com a teoria psicanalítica propriamente dita. Há muito que fazer nesta área e a convergência diz respeito apenas às teorias – não às "escolas", na condição de organizações com interesses reconhecidos.

12. Tarefas para o Futuro Desenvolvimento da Teoria

A. NECESSIDADE DE EVIDÊNCIA EMPÍRICA

A teoria psicanalítica não necessita de dados adicionais para desenvolver-se; ao contrário, a quantidade de dados já é embaraçadoramente ampla. Também não precisa de dados que – embora passíveis de tratamento estatístico – não passam de informes clínicos disfarçados; a rigor, os próprios informes clínicos são melhores do que os dados desse gênero. A teoria psicanalítica não necessita de dados experimentais que não passam de réplicas de relações clínicas. A teoria necessita de *métodos que a auxiliem a obter dados* – dados que a conduzam para além das relações clínicas, isto é, para as relações teoréticas discutidas neste ensaio.

Aí está a razão pela qual se tornam indispensáveis os dados experimentais acerca de formação de estruturas e acerca da aprendizagem, assim como os dados que possam vir a corroborar ou refutar as teorias e as observações de Piaget.

Na teoria proposta por Hartmann aparece, pela primeira vez, um conceito de autonomia e a sua divisão em três partes, que introduz idéias a respeito da autonomia relativa (Erikson, Gill) – ver Cap. 2, Secção H e início da Secção I. Os métodos utilizados na Universidade de McGill, os estudos Bethesda a respeito da privação sensorial e, a par disso, os métodos hipnóticos, parecem meios apropriados para estabelecer novas formas de equilíbrio entre essas autonomias relativas (ver Rapaport, 1958b). A teoria necessita de dados obtidos com a ajuda desses (e de outros) métodos relevantes (*e.g.,* uso de drogas como a mescalina); todavia, não servem *quaisquer* dados obtidos com auxílio de tais métodos: necessitamos de dados obtidos em experimentos controlados *guiados pela teoria da autonomia.*

Nos estudos de Hartmann comparece, também, pela primeira

vez, um conceito das funções do ego livre de conflitos. A obra de G. S. Klein aborda vários métodos de estudo dessas estruturas do ego que, diversamente do que acontece com as defesas, são livres de conflitos e servem para controlar e orientar as motivações. Importa contarmos com dados concernentes a essas estruturas. Contudo, uma indiscriminada proliferação de tais dados resultaria principalmente em um catálogo de "atitudes cognitivas" (Klein) à semelhança de como a psiquiatria francesa procedeu, fornecendo-nos uma expressão para cada tipo de fobia. Os dados necessários são os que elucidem a relação dessas estruturas de estilo para com *outras* estruturas do ego (*e.g.*, defesas), para com as motivações e de umas para com as outras.

Na obra de Erikson encontramos, pela primeira vez, uma teoria e um plano básico epigenético acerca do desenvolvimento do ego. Importa reunirmos dados adicionais relativos a cada fase epigenética. Mais uma vez, entretanto, contarmos com dados relativos a determinada fase do desenvolvimento pouco adianta. Os dados devem dizer respeito às observações de Erikson, corroborá-las, aperfeiçoá-las, modificá-las ou refutá-las. Para conseguir tais dados os investigadores haverão de, pelo menos de início, adotar a estrutura de referência estabelecida por Erikson.

Sugerimos acima que um requisito da teoria da técnica terapêutica seria uma teoria da comunicação. Fazem-se necessários dados para elaborar uma teoria desse gênero. Os dados e conceitos dos existentes esboços de uma teoria da comunicação não parecem relevantes. O foco da teoria há de confundir-se com as leis que governam a tendência da comunicação para engendrar ou impedir comunicação recíproca. Além disso, há de ser uma teoria em que alguém tornar-se consciente de algo venha a equivaler a uma comunicação verbal ou não-verbal (latente) (ver Rapaport, 1949, 1953b). Os métodos capazes de levar à obtenção de dados relevantes para essa teoria estão ainda por ser elaborados.

No "eu" de Hartmann (1950, 1952) e na "identidade" de Erikson (1956b) temos, pela primeira vez, em teoria psicanalítica, conceitos para explicação da continuidade histórica do indivíduo e de sua auto-experiência e, a par disso, instrumentos conceituais para distingui-los dos referentes do conceito de ego. Necessitamos de dados relativos a esses conceitos e que lhes permita a elaboração. Entretanto, dados quaisquer a propósito da "auto-experiência", "auto-avaliação" ou "envolvimento do ego" não satisfazem. Hão de ser dados concernentes à relação do "eu" ou da "identidade" para com a teoria psicanalítica das funções psicológicas em geral e das funções do ego em particular.

Já fizemos alusão ao quase satisfatório progresso alcançado na compreensão teórica da esquizofrenia e de outras psicoses. Aqui também são muitos os dados existentes. O problema é o que fazer com eles. Não sofreram uma seleção que revele a relação entre os fenômenos de esquizofrenia e a teoria vigente. Não há necessidade de dados novos que mostrem poder o conteúdo dos produtos psicóticos ser interpretado em termos de sonhos ou fantasias inconscientes.

Nem são necessários dados referentes a desejos orais ou anais subjacentes ao conteúdo manifesto dos produtos psicóticos; eles existem em todos os homens e tão-somente o papel que desempenhem, a intensidade e a freqüência que mostrem, serão, talvez, específicos de uma determinada psicose. Aparentemente são específicas as características formais do comportamento psicótico (ação, afeto e pensamento) e o que se faz preciso são dados que as liguem à teoria psicanalítica.

São necessários dados que ponham em evidência as similaridades e diferenças entre estruturas (e motivações) análogas, em diferentes níveis hierárquicos de organização psicológica. J. F. Brown (1933) obteve alguns dados dessa espécie (ver também Rapaport, 1957a). Finalmente, embora não se façam necessários dados que reproduzam relações clínicas, haveremos de receber com satisfação qualquer duplicação cujo propósito seja o de quantificar essas relações de modo a levar-nos em direção a uma "quantificação dimensional".

Essa enumeração não tem pretensões sistemáticas e a seqüência em que os itens foram apresentados não implica em ordem de importância. Os exemplos foram escolhidos para evidenciar que, mais do que dados, precisamos de métodos que propiciem o surgimento de dados relevantes para a teoria e para problemas que ela ainda não solucionou.

B. OBSTÁCULOS AO DESENVOLVIMENTO DA TEORIA

Ocupar-nos-emos, agora, com obstáculos teoréticos, deixando para a próxima secção o exame dos obstáculos de caráter prático.

São passados os dias de resignada crença em que os complexos fenômenos psicológicos não admitem estudo em laboratório. Passado também o entusiasmo exagerado que envolveu os primeiros trabalhos de K. Lewin (1926a), quando pareceu não haver dúvida de que todos os fenômenos psicológicos poderiam ser frutiferamente estudados em laboratório. Conquanto todos esperemos que os fenômenos psicológicos se mostrem suscetíveis de estudos científicos, a preocupação maior é a de encontrar caminhos e meios para que isso ocorra. Os principais obstáculos para o desenvolvimento da teoria psicanalítica giram em torno daqueles caminhos e meios.

Em primeiro lugar, o respeito devido aos direitos do indivíduo põe limites à manipulação do comportamento fora e até mesmo dentro do laboratório; e o respeito devido à intimidade do indivíduo põe limites à própria observação. Esse é um dos principais obstáculos empíricos. Não se trata apenas do problema ético de violar direitos e intimidade, mas também e talvez principalmente de saber o efeito dessa violação sobre o sujeito, o observador e a observação.

Em segundo lugar, o problema hierárquico, tão fortemente acentuado nestas páginas, faz com que a redução à escala de laboratório freqüentemente altere a posição hierárquica do fenômeno ou da relação em causa, de sorte que vem a ser estudado não esse fenômeno ou essa relação, mas um equivalente hierárquico de alto nível. Isso não é simplesmente um obstáculo. Mostra que a pesquisa de laboratório pode enfrentar todos os problemas psicológicos, contanto que focalize a atenção nas leis das transformações hierárquicas. Uma vez que essas leis comecem a esboçar-se, os psicólogos poderão afastar a arbitrária afirmação de que os resultados obtidos em laboratório se aplicam a situações da vida real, valendo-se daquelas leis como regras através das quais podem ser retiradas conclusões dos resultados de laboratório para aplicação a situações da vida real. Essa complexidade teorética não é, portanto, um obstáculo *per se,* embora ainda haja longa e penosa experimentação a fazer antes que essas leis das relações hierárquicas sejam descobertas e levadas até o ponto de poderem servir como regras de inferência.

Em terceiro lugar, os métodos de laboratório não podem ignorar o fato perturbador de que muitos fenômenos psicológicos só ocorrem, como regra, havendo contatos de uma pessoa com outra (ou outras). O estudo desses fenômenos conduziu ao método da observação participante em terapia, na vida quotidiana e nas situações de laboratório. Esse método foi pouco explorado teoreticamente; a ele recorrendo, o investigador entra na intimidade do sujeito, mas só o consegue ao preço de tornar-se um participante, arcando com todos os compromissos explícitos e implícitos que a participação envolve. Psicanalistas e outros terapeutas conhecem esses compromissos e o efeito que exercem sobre observador e observado. Entretanto, as implicações desse conhecimento não foram ainda formuladas, teoreticamente, no que concerne à utilização do método. (Ver, entretanto, Bernfeld, 1941a; Gross, 1951.) A falta de uma sistematização é obstáculo que se põe no caminho do desenvolvimento da teoria.

Examinamos a possibilidade de que o estudo experimental venha a desvelar regras de inferência, por meio das quais, conclusões obtidas no laboratório possam ser aplicadas aos fenômenos da vida real. Que dizer de regras de inferência para relacionar dados obtidos por observação direta a dados obtidos de observação participante? Lembremos, por exemplo, que a teoria psicanalítica do desenvolvimento é criada a partir de reconstruções que se apóiam em dados obtidos através de emprego do método de observação participante interpessoal, em uma situação terapêutica de dois grupos, ao passo que a teoria do desenvolvimento proposta por Piaget se apóia em dados colhidos por observação direta[1]. Ora, é possível que as teorias do desenvolvimento, propostas pela Psicanálise e por Piaget, se mostrem compatíveis e surjam regras de inferência para relacionar-lhes

1. Todas as observações feitas com seres humanos são, em certo sentido, observações participantes; espelhos que permitem a visão unilateral, filmes cinematográficos e gravações tendem a fazer com que olvidemos que a observação é participante – mas não deixam de sê-lo. Contudo, há uma diferença entre *ser* um observador participante e *usar* o método de observação interpessoal participante; também há uma diferença entre *elaborar* e *reelaborar* relações de

os conceitos. Em verdade, é possível que a influência de uma sobre a outra leve a uma redefinição dos conceitos de ambas, de modo que surja um único sistema conceitual que abranja ambas as teorias ou sujeite uma à outra. Há, contudo, outras duas possibilidades. As duas teorias podem mostrar-se incompatíveis, sendo, portanto, insustentável uma delas. Em segundo lugar, ocorrerá, talvez, que as duas teorias, assim como as observações em que se baseiam, venham a mostrar-se distintas e não-incompatíveis. Se assim for, os dois métodos terão conduzido a teorias relativas a dois diferentes aspectos do mesmo objeto. Concluiremos, talvez, que esses dois aspectos do objeto são complementares (ver o conceito de complementaridade em física atômica, elaborado por Niels Bohr; e a complementaridade no estudo da célula viva, tal como encarada pelo biofísico Delbrueck, 1949). Barreira importante que se põe no caminho do desenvolvimento da teoria psicanalítica está em não se saber se o que proporciona o método da observação participante e o que proporcionam outros métodos devem ser relacionados entre si por meio de regras de inferência do tipo conjuntivo ou por meio de uma regra disjuntiva de complementaridade. É possível que haver suspeitado dessa dificuldade explique o fato de Freud não ter mostrado interesse pelas tentativas de comprovar proposições psicanalíticas por métodos outros que não os psicanalíticos.

Em quarto lugar, e como último dos obstáculos a serem aqui mencionados, coloca-se o problema da matematização, inclusive quantificação, já discutido acima. É um obstáculo ao mesmo tempo empírico e teorético ao desenvolvimento da doutrina.

C. OBSTÁCULOS PRÁTICOS QUE BLOQUEIAM O AVANÇO TEORÉTICO DA PSICOLOGIA

Ocupemo-nos, inicialmente, dos obstáculos que se levantam no caminho da teoria psicanalítica. Aqui merecem realce a ausência de uma literatura teorética sistemática, a natureza do treinamento psicanalítico e o caráter da prática psicanalítica.

Via de regra, observador e experimentador são orientados, quanto à contribuição que traga para o desenvolvimento da teoria, por uma literatura teorética sistemática. Se esta falta, o investigador terá de dominar as fontes primárias e elaborar, ele próprio, uma sistematização. É uma atividade que exige largo tempo e para a qual os hábitos da prática psicanalítica não conduzem. Freqüentemente

desenvolvimento a partir de observações participantes. Piaget (1936, 1937, 1945) também foi um observador participante: por meio de seus atos, modificava as situações e as tarefas que as crianças deviam executar. Piaget, entretanto, não *usou* o método da observação participante, pois não estudou, de maneira sistemática, as alterações das relações estabelecidas entre as crianças e ele (o pai), decorrentes de sua "participação" – como não examinou as alterações do comportamento sensório-motor das crianças, na medida em que dependiam das relações entre as crianças e ele.

se diz que a teoria psicanalítica é uma doutrina rígida e imutável. Embora esse dogmatismo e essa ortodoxia existam nas Sociedades e Institutos (sejam freudianos ou neofreudianos ou ecléticos), com respeito à teoria clínica, raras vezes encontrei dogmatismo com respeito à teoria geral. As atitudes vão desde o entusiasmo até a total falta de informação, passando através da ausência de interesse. A teoria geral, longe de ser um dogma bem estabelecido, é algo desconhecido de muitos, percebido por alguns e só familiar a uns poucos. O obstáculo ao progresso teorético não está na alegada rigidez da teoria, mas antes no ser ela desconhecida. A falta de uma literatura teorética sistemática não é, por certo, a causa única de tal situação (as fontes originais *estão* ao dispor dos interessados), mas se constitui em dificuldade importante para o progresso.

O treinamento possível de obter em institutos psicanalíticos tem em vista, principalmente, os futuros clínicos e se limita a médicos. O escopo desse treinamento é definido por fatores vários: (a) seu caráter de "curso noturno"; (b) o treinamento médico *médio* não prepara os alunos em Psicologia, Psiquiatria e Psicanálise, nem para tarefas teoréticas e de pesquisa; (c) o fato de tanto os professores como os alunos serem, geralmente, profissionais totalmente voltados para a prática. Anotemos dois fatos adicionais, relativos ao preparo: em primeiro lugar, é curso pós-graduado que exige tempo e é caro, levando assim o interessado a procurar objetivos mais lucrativos e mais concretos do que a pesquisa; em segundo lugar, embora esses cursos estejam restritos a médicos, alguns psicólogos e outros cientistas podem conseguir "treinamento em pesquisa" no campo da Psicanálise, mas isso inclui apenas análise do treinamento e cursos, excluindo supervisão (controle) e excluindo, muitas vezes, até mesmo os seminários clínicos[2], embora o teórico e o pesquisador necessitem de treinamento completo tanto quanto o futuro profissional militante. Dessa forma, a "atividade estritamente médica" atua duplamente contra o progresso da teoria psicanalítica. Pouco surpreende que as divergências de observação e concepção tendam a ser resolvidas, entre os psicanalistas, não através de recurso à teoria ou à observação empírica, mas por apelo à ortodoxia e levando a secessões.

A natureza da prática psicanalítica não favorece o desenvolvimento teorético. Os longos dias de trabalho, passados em estreito contato com os pacientes, não propiciam nem o tempo e nem a distância necessários. O caráter individual da atividade reduz o intercâmbio de idéias que é o solo fértil para a elaboração de teorias. Poucos privilegiados conseguem bolsas de estudo e é reduzido o número de instituições que dispensam os psicanalistas de uma dedicação total à prática, propiciando-lhes oportunidade para aquela

2. Depois de preparado este ensaio, passos iniciais foram dados pela American Psychoanalytic Association com o fito de explorar maneiras de alterar esta situação.

troca de idéias. Conquanto sejam poucos, em qualquer época, os teorizadores, em qualquer ciência, esses poucos surgem dos muitos que tentam elaborar teorias. Quando os que tentam são poucos, as perspectivas não são animadoras, sejam esses poucos bem ou mal escolhidos.

O efeito negativo que sobre o psicanalista exerce o limitado número daqueles que podem custeá-lo. Além disso, os psicanalistas de renome tornam-se, mais cedo ou mais tarde, analistas e passam a dedicar parte do tempo a um grupo de pessoas ainda mais limitado: as pessoas que desejam tornar-se psicanalistas e passam pelo crivo dos comitês de treinamento. Essas limitações atingem particularmente o desenvolvimento dos aspectos psicossociais da teoria, mas, ao mesmo tempo, levam a Psicanálise a girar em torno de seus aspectos clínicos, negligenciando-se a teoria geral. É certo que a teoria clínica reclama desenvolvimento maior e que seus métodos têm-se mostrado indispensáveis para o tudo de uma ampla gama de fenômenos; há, entretanto, uma outra ampla gama de fenômenos, cruciais para o desenvolvimento da teoria geral, que não é passível de estudo na situação terapêutica, que tem – e deve ter – por guia o interesse do paciente. O desenvolvimento da psicologia do ego é particularmente afetado por essa limitação.

Aparentemente, sem treinamento acadêmico mais aprofundado e sem que a esse treinamento se admitam estudantes não-médicos, tenderão a permanecer os principais obstáculos que se levantam frente ao desenvolvimento da teoria psicanalítica. Não é de supor que as escolas de medicina ou os departamentos de psicologia consigam resultados melhores que os obtidos pelos Institutos psicanalíticos: não falam em favor dessas soluções "simples" nem as tradições daquelas escolas e daqueles departamentos, nem as possibilidades que têm de recrutar instrutores, nem a complexidade do problema de treinamento a ser enfrentado.

Passemos, agora, aos obstáculos ao progresso teorético da psicologia: o "método científico", a adesão a um método único (ou a limitado conjunto de métodos) e a fúria munsuradora.

A elaboração de teorias, isto é, o progresso teorético, nasce da familiaridade com os fenômenos e da reflexão a propósito deles (ou das teorias que lhes dizem respeito). Avança com intuições e especulações; algumas destas são passíveis de teste empírico enquanto outras (que estabelecem relações entre conceitos e teorias ou as reestruturam e sistematizam) não são e não precisam ser passíveis de teste empírico – embora conduzam a conclusões que, por sua vez, podem e devem ser submetidas a testes empíricos.

O "método científico" é o padrão de acordo com o qual se compõe aquele discurso que denominamos ciência: corpo de conhecimento aceito, codificado, coeso. Mas não é o padrão para realizar descobertas, nem o cânone para elaborar teorias. Nem é padrão que torne o discurso científico único e estático – esse discurso se altera com a variação dos métodos, do objeto e dos propósitos da pesquisa. Dingle, historiador da ciência, inglês, teve palavras ásperas para o "método científico ou, como é hoje freqüentemente chamado, a metodologia":

> ... uma disciplina desenvolvida, em sua maior porção, por lógicos desconhecedores da prática da ciência, constituindo principalmente em um conjunto de princípios por força dos quais as conclusões aceitas são mais facilmente atingidas por aqueles que já as conhecem. Quando comparamos esses princípios às fases ao longo das quais as descobertas foram realmente feitas, dificilmente encontramos um caso em que haja qualquer semelhança. Se a experiência, de alguma forma, deve orientar-nos – e que cientista pensaria de outra maneira? – concluiríamos que há somente um método científico: produzir um gênio e deixá-lo fazer o que deseje... o melhor que podemos fazer é aprender a identificar o gênio natural... e protegê-lo, com dragões flamejantes, se necessário for, contra o deus do planejamento [1952, pp. 38-39].

Beveridge (1950) considerou a investigação científica uma arte. A elaboração de teorias pode ser vista como um trabalho de imaginação; o "método científico" apenas tem papel no submeter a teste a teoria e no preparar relatos. Mesmo aqui, porém, por mais que o método científico possa auxiliar no projetar testes econômicos e válidos, o ingrediente essencial continua a ser o engenho capaz de inventar um método que relacione os fenômenos e a teoria.

Acentuar o "método científico" erige-se, sob vários aspectos, como um obstáculo ao progresso teorético. Em primeiro lugar, a insistência em ensinar o método científico e o projeto de experimento afasta a atenção do treinamento no observar. Em segundo lugar, a ênfase dada ao método científico faz desaparecer o interesse que o investigador deveria depositar em suas intuições e especulações. Em terceiro lugar, faz o "método científico" e o "projeto de experimento" aparecerem como caminhos seguros para a produção de "resultados de pesquisa". Os resultados assim alcançados tumultuam nossa literatura e afastam o interesse por *métodos* de experimentação e observação. Em quarto lugar, conduz a uma política editorial (e, através dela, a uma cega obediência a preceitos) tal que as publicações se conformem ao "método científico" e escondam os verdadeiros passos do investigador, ainda quando, por acaso, esses passos merecessem ser conhecidos. As publicações se apresentam como se a investigação consistisse apenas na aplicação do método científico. Assim, para o noviço, nossos (e, o que é mais importante, os seus próprios) desordenados caminhos de reflexão criativa aparecem como inadequados e insuficientes para alcançar o ideal que é esse tipo de reflexão criadora. As observações do noviço, ao lhe mostrarem que seu pensamento não acompanha o "método científico", transformam-se em fontes de dúvidas atormentadoras que, por seu turno, conduzem, freqüentemente, a uma esterilizante constrição de pensamento: a disciplina, o verdadeiro elemento vital do pensamento científico, transforma-se em maldição. Não é estranho, pois, que em nossa literatura poucos autores se surpreendam, poucas coisas sejam surpreendentes e um tédio mortal prevaleça, auxiliado e estimulado por aquilo que uma determinada revista científica venha a considerar como *a* forma do relato científico.

A maldição da "teoria única e do método único" é, em parte, sinônimo de praga denominada "escolas de psicologia". O investigador utiliza um método e dele se torna escravo. O mesmo acontece com seus alunos. O pesquisador desenvolve uma teoria que só pode predizer fenômenos que aufere por aquele método ou por força de um outro, a ele estreitamente associado. O que não é suscetível de estudo por tais métodos deixa de influenciar a teoria. De outra parte, todas as teorias cujos métodos não se apliquem ao âmbito dos fenômenos em questão vêem-se, de alguma forma, tidas como "errôneas" e, se chegam a ser submetidas a testes, serão submetidas a teste por métodos inadequados, de sorte que se hão de apresentar, fatalmente, como errôneas. Via de regra, porém, as teorias são completamente ignoradas. Em conseqüência, certos métodos são "canonizados", o estudo de uma limitada coleção de fenômenos transforma-se no único "estudo adequado do homem" e aqueles que tentam reunificar o campo da psicologia, assim fragmentado por uns poucos métodos, são considerados "filósofos", no sentido pejorativo do termo. "Teoretizador" tornou-se uma expressão de opróbio: é a particular forma de antiintelectualismo que se mostra endêmica na psicologia contemporânea. Não são buscados métodos novos (isto é, caminhos de experimentação, em oposição a projetos de experimentos) para quebrar o isolamento esplêndido dos reinos fechados dos fenômenos por essa via criados. A reflexão metodológica, preocupada com a relação entre método e teoria, e as tentativas de estabelecer o que é um artefato do método de investigação e qual é "a natureza do animal", permanecem, em sua maior parte, para além do alcance do psicólogo[3].

A "fúria mensuradora", já examinada, é particularmente característica do trabalho experimental em psicologia clínica e da personalidade. Expressa e estimula desinteresse pela teoria e coloca-se, dessa maneira, como obstáculo importante ao progresso teorético. A par disso, distrai a atenção do problema geral de matematização e do problema específico de quantificação dimensional. Não estaremos muito enganados sugerindo que as deficiências da psicologia, manifestadas através da "fúria mensuradora", sejam também responsáveis pela popularidade quase epidêmica alcançada, em psicologia, pela "teoria da informação", pelos "sistemas abertos", pela "síndrome da tensão" e por outros conceitos tomados de empréstimo. Conceitos e métodos podem ser tomados de empréstimo de outras ciências: tudo que é útil deve ser utilizado. Contudo, apegar-se a qualquer conquista aparentemente nova de outras ciências equivale a uma traição: espera-se uma salvação externa em vez de salvação

3. Freqüentemente se olvida esta conseqüência metodológica do "projeto de amostragem representativa", utilizado por Brunswik. Por amor à brevidade, enfatizo, deliberadamente, os pontos em tela; exemplificativamente, a questão do "artefato" não é tão simples como o enunciado apresentado poderia sugerir.

conseguida com o suor do próprio rosto. Na raiz desse procedimento está uma falta de autoconfiança: a falta de confiança da psicologia quanto a saber de onde veio e para onde vai.

Bibliografia

Abraham, K. (1907-25), *Selected Papers*. London: Hogarth Press, 1927.

Adams, D. K. (1931), A Restatement of the Problem of Learning. *Brit. J. Psychol.*, 22:150-178.

Alexander, F. (1933), The Relation of Structural and Instinctual Conflicts. *Psychoanal. Quart.*, 2:181-207.

——— (1934), The Influence of Psychologic Factors upon Gastrointestinal Disturbances: A Symposium. 1. General Principles, Objectives, and Preliminary Results. *Psychoanal. Quart.*, 3:501-539.

——— (1939), Emotional Factors in Essential Hypertension, Presentation of a Tentative Hypothesis. *Psychosom. Med.*, 1:173-179.

Allport, G. W. (1935-47), *The Nature of Personality: Selected Papers*. Reading, Mass.: Addison-Wesley, 1950.

——— (1937), *Personality*. New York: Holt.

——— (1947), Scientific Models and Human Morals. *Psychol. Rev.*, 54:182-192. Also in (1935-1947), pp. 187-197.

——— (1955), *Becoming: Basic Considerations for a Psychology of Personality*. New Haven: Yale University Press.

Bakan, D. (1958), *Sigmund Freud and the Jewish Mystical Tradition*. Princeton: Van Nostrand.

Beach, F. A. & Jaynes, J. (1954), Effects of Early Experience upon the Behavior of Animals. *Psychol. Bull.*, 51:239-263.

Benjamin, J. D. (1950), Methodological Considerations in the Validation and Elaboration of Psychoanalytical Personality Theory. *Amer. J. Orthopsychiat.*, 20:139-156.

——— (1959), Prediction and Psychopathological Theory. In *Dynamic Psychopathology in Childhood*, ed. L. Jessner & E. Pavenstedt. New York: Grune & Stratton, pp. 6-77.

Bergman, P. (1953), A Religious Conversion in the Course of Psychotherapy. *Amer. J. Psychother.*, 7:41-58.

Bernfeld, S. (1934), Die Gestalttheorie. *Imago*, 20:32-77.

——— (1941a), The Facts of Observation in Psychoanalysis. *J. Psychol.*, 12: 289-305.

——— (1941b), Freud's Earliest Theories and the School of Helmholtz. *Psychoanal. Quart.*, 13:341-362.

——— (1949), Freud's Scientific Beginnings. *Amer. Imago*, 6:163-196.

——— (1951), Sigmund Freud, M.D., 1882-1885. *Int. J. Psychoanal.*, 32:204-217.

——— & Bernfeld, S. C. (1952), Freud's First Year in Practice, 1886-1887. *Bull. Menninger Clin.*, 16:37-49.

Bernheim, H. (1896), *Die Suggestion und ihre Heilwirkung*, tr. S. Freud, 2nd ed. Leipzig: Deuticke.

Bettelheim, B. (1943), Individual and Mass Behavior in Extreme Situations. *J. Abn. Soc. Psychol.,* 38:417-452.
——— (1950), *Love is Not Enough: The Treatment of Emotionally Disturbed Children.* Glencoe, Ill.: Free Press.
——— (1955), *Truants From Life: The Rehabilitation of Emotionally Disturbed Children.* Glencoe, Ill.: Free Press.
Beveridge, W. I. B. (1950), *The Art of Scientific Investigation.* New York: Norton.
Bexton, W. H., Heron, W., & Scott, T. H. (1954), Effects of Decreased Variation in the Sensory Environment. *Canad. J. Psychol.,* 8:70-76.
Bibring, E. (1941), The Development and Problems of the Theory of the Instincts. *Int. J. Psychoanal.,* 22:102-131.
——— (1953), The Mechanism of Depression. In *Affective Disorders,* ed. P. Greenacre. New York: International Universities Press, pp. 13-48.
——— (1954), Psychoanalysis and the Dynamic Psychotherapies. *J. Amer. Psychoanal. Assn.,* 2:745-770.
Blake, R. & Ramsey, G., eds. (1951), *Perception: An Approach to Personality.* New York: Ronald Press.
Bond, D. D. (1952), *The Love and Fear of Flying.* New York: International Universities Press.
Boring, E. G. (1950), *A History of Experimental Psychology,* 2nd ed. New York: Appleton-Century-Crofts.
——— (1955), Dual Role of the Zeitgeist in Scientific Creativity. *Sci. Monthly,* 80:101-106.
Brenman, M. & Gill, M. M. (1947a), *Hypnotherapy.* New York: International Universities Press.
——— & ——— (1947b), Research in Psychotherapy; Round Table, 1947. *Amer. J. Orthopsychiat.,* 18:92-118, 1948.
Breuer, J. & Freud, S. (1895), *Studies in Hysteria.* New York: Nervous and Mental Disease Publications, 1937.
Brown, J. F. (1933), Über die dynamischen Eigenschaften der Realitäts- und Irrealitätsschichten. *Psychol. Forsch.,* 18:2-26.
Bruner, J. & Goodman, C. (1947), Value and Need as Organizing Factors in Perception. *J. Abn. Soc. Psychol.,* 42:33-44.
——— & Postman, L. (1947a), Emotional Selectivity in Perception and Reaction. *J. Pers.,* 16:69-77.
——— & ——— (1947b), Tension and Tension Release as Organizing Factors in Perception. *J. Pers.,* 15:300-308.
——— & ——— (1948), Symbolic Value as an Organizing Factor in Perception. *J. Soc. Psychol.,* 27:203-208.
——— & ——— & McGinnies, E. (1948), Personal Values as Selective Factors in Perception. *J. Abn. Soc. Psychol.,* 43:142-154.
Bühler, K. (1924), *Die geistige Entwicklung des Kindes,* 6th ed. Jena: Fischer, 1930.
Chein, I. (1947), The Genetic Factor in Ahistorical Psychology. *J. Gen. Psychol.,* 36:151-172.
Delbrueck, M. (1949), A Physicist Looks at Biology. *Trans. Conn. Acad. Arts Sci.,* 38:175-190.
de Saussure, R. (1934), Über genetische Psychologie und Psychoanalyse. *Imago,* 20:282-315.
Deutsch, F. (1939), The Choice of Organ in Organ Neuroses. *Int. J. Psychoanal.,* 20:252-262.
Dingle, H. (1952), *The Scientific Adventure.* London: Pitman. New York: Philosophical Library, 1953.
Diven, K. (1937), Certain Determinants in the Conditioning of Anxiety Reactions. *J. Psychol.,* 3:219-308.

Dollard, J. & Miller, N. E. (1950), *Personality and Psychotherapy: An Analysis in Terms of Learning, Thinking and Culture.* New York: McGraw-Hill.

Dunbar, H. F. (1935), *Emotions and Bodily Changes,* 3rd ed. New York: Columbia University Press, 1947.

——— (1947), *Mind and Body: Psychosomatic Medicine.* New York: Random House.

Eissler, K. R. (1953), The Effect of the Structure of the Ego on Psychoanalytic Technique. *J. Amer. Psychoanal. Assn.,* 1:104-143.

Ellis, W. D. (1950), *A Sourcebook of Gestalt Psychology.* New York: Humanities Press.

Erickson, M. H. (1939), Experimental Demonstration of the Psychopathology of Everyday Life. *Psychoanal. Quart.,* 8:338-353.

——— & Kubie, L. S. (1940), The Translation of the Cryptic Automatic Writing of One Hypnotic Subject by Another in a Trance-like Dissociated State. *Psychoanal. Quart.,* 9:51-63.

——— & ——— (1941), The Successful Treatment of a Case of Acute Hysterical Depression by a Return under Hypnosis to a Critical Phase of Childhood. *Psychoanal. Quart.,* 10:583-609.

Erikson, E. H. (1937), Configurations in Play—Clinical Notes. *Psychoanal. Quart.,* 6:139-214.

——— (1939), Observations on Sioux Education. *J. Psychol.,* 7:101-156.

——— (1940), Problems of Infancy and Early Childhood. In *Cyclopedia of Medicine.* Philadelphia: Davis, pp. 714-730. Also in *Outline of Abnormal Psychology,* ed. G. Murphy & A. Bachrach. New York: Modern Library, 1954, pp. 3-36.

——— (1945), Childhood and Tradition in Two American Indian Tribes. *The Psychoanalytic Study of the Child,* 1:319-350. New York: International Universities Press. Also (revised) in *Personality in Nature, Society and Culture,* ed. C. Kluckhohn & H. Murray. New York: Knopf, 1948, pp. 176-203.

——— (1946), Ego Development and Historical Change. *The Psychoanalytic Study of the Child,* 2:359-396. New York: International Universities Press. Also in "Identity and the Life Cycle." *Psychological Issues,* 1(1): 18-49. New York: International Universities Press, 1959.

——— (1950a), *Childhood and Society.* New York: Norton.

——— (1950b), Growth and Crises of the "Healthy Personality." In *Symposium on the Healthy Personality,* Supplement II; Problems of Infancy and Childhood, Transactions of Fourth Conference, March, 1950, ed. M. J. E. Senn. New York: Josiah Macy, Jr. Foundation. Also in *Personality in Nature, Society and Culture,* 2nd ed., ed. C. Kluckhohn & H. Murray. New York: Knopf, 1953, pp. 185-225. Also in "Identity and the Life Cycle." *Psychological Issues,* 1(1):50-100. New York: International Universities Press, 1959.

——— (1954), The Dream Specimen of Psychoanalysis. *J. Amer. Psychoanal. Assn.,* 2:5-56. Also in Knight & Friedman, eds. (1954), pp. 131-170.

——— (1955), Freud's "The Origins of Psychoanalysis." *Int. J. Psychoanal.,* 36:1-15.

——— (1956a), The First Psychoanalyst: Crisis and Discovery. *Yale Rev.,* 46: 40-62.

——— (1956b), The Problem of Ego Identity. *J. Amer. Psychoanal. Assn.,* 4:56-121. Also in "Identity and the Life Cycle." *Psychological Issues,* 1(1): 101-164. New York: International Universities Press, 1959.

Escalona, S. (1952), Problems of Psycho-analytic Research. *Int. J. Psychoanal.,* 32:11-21.

Farber, L. & Fisher, C. (1943), An Experimental Approach to Dream Psychology through the Use of Hypnosis. *Psychoanal. Quart.,* 12:202-216.

Fechner, G. T. (1873), *Einige Ideen zur Schöpfungs- und Entwicklungsgeschichte der Organismen.* Leipzig: Breitkopf und Härtel.
Federn, P. (1927-49), *Ego Psychology and the Psychoses.* New York: Basic Books, 1952.
Feigl, H. (1951), Principles and Problems of Theory Construction in Psychology. In *Current Trends in Psychological Theory.* Pittsburgh: University of Pittsburgh Press, pp. 179-213.
Fenichel, O. (1922-36), *Collected Papers,* First Series. New York: Norton, 1953.
——— (1935), A Critique of the Death Instinct. In Fenichel (1922-36), pp. 363-372.
——— (1936-46), *Collected Papers,* Second Series. New York: Norton, 1954.
——— (1941a), *Problems of Psychoanalytic Technique.* New York: Psychoanalytic Quarterly, Inc.
——— (1941b), The Ego and the Affects. In Fenichel (1936-46), pp. 215-227.
——— (1944), Psychoanalytic Remarks on Fromm's Book, "Escape from Freedom." In Fenichel (1936-46), pp. 260-277.
——— (1945), *The Psychoanalytic Theory of Neurosis.* New York: Norton.
Ferenczi, S. (1913), Stages in the Development of the Sense of Reality. In *Sex in Psychoanalysis.* New York: Brunner, 1950, pp. 213-239.
——— (1919), Thinking and Muscle Innervation. In *Further Contributions to the Theory and Technique of Psycho-Analysis.* London: Hogarth Press, 1950, pp. 230-232.
——— (1922), The Psyche as an Inhibiting Organ. In *Further Contributions to the Theory and Technique of Psycho-Analysis.* London: Hogarth Press, 1950, pp. 379-383.
——— (1926), The Problem of Acceptance of Unpleasant Ideas. In *Further Contributions to the Theory and Technique of Psycho-Analysis.* London: Hogarth Press, 1950, pp. 366-379.
Finch, G. & Culler, E. (1935), Relation of Forgetting to Experimental Extinction. *Amer. J. Psychol.,* 47:656-662.
Fisher, C. (1953), Studies on the Nature of Suggestion. Parts I and II. *J. Amer. Psychoanal. Assn.,* 1:222-255, 406-437.
——— (1954), Dreams and Perception: the Role of Preconscious and Primary Modes of Perception in Dream Formation. *J. Amer. Psychoanal. Assn.,* 2:389-445.
French, T. M. (1933), Interrelations Between Psychoanalysis and the Experimental Work of Pavlov. *Amer. J. Psychiat.,* 12(89):1165-1203.
——— (1939), Psychogenic Factors in Asthma. *Amer. J. Psychiat.,* 96:87-101.
——— (1941), Goal, Mechanism and the Integrative Field. *Psychosom. Med.,* 3:226-252.
——— (1951), The Integrative Process. *Dialectica,* 5:246-256.
——— (1952, 1954), *The Integration of Behavior,* Vols. 1 and 2. Chicago: University of Chicago Press.
——— & Alexander, F. (1941), Psychogenic Factors in Bronchial Asthma. Parts I and II. *Psychosom. Med. Monogr.,* 1(4); 2(1, 2).
Frenkel-Brunswik, E. (1942), Motivation and Behavior. *Genet. Psychol. Monogr.,* 26:121-265.
——— (1954), Psychoanalysis and the Unity of Science. *Proc. Amer. Acad. Arts Sci.,* 80:271-350.
Freud, A. (1936), *The Ego and the Mechanisms of Defence.* New York: International Universities Press, 1946.
Freud, S. (1887-1902), *The Origins of Psycho-Analysis: Letters to Wilhelm Fliess, Drafts and Notes: 1887-1902.* New York: Basic Books, 1954.
——— (1893-1914), *Collected Papers,* 1. London: Hogarth Press, 1948.
——— (1894), The Defence Neuro-psychoses. *Collected Papers,* 1:59-75. London: Hogarth Press, 1948.

——— (1896), Further Remarks on the Defence Neuro-psychoses. *Collected Papers,* 1:155-182. London: Hogarth Press, 1948.

——— (1900), The Interpretation of Dreams. *The Basic Writings of Sigmund Freud.* New York: Modern Library, 1938, pp. 179-549.

——— (1904), The Psychopathology of Everyday Life. *The Basic Writings of Sigmund Freud.* New York: Modern Library, 1938, pp. 33-178.

——— (1905a), Wit and Its Relation to the Unconscious. *The Basic Writings of Sigmund Freud.* New York: Modern Library, 1938, pp. 631-803.

——— (1905b), *Three Essays on the Theory of Sexuality.* London: Imago, 1949.

——— (1907), *Delusion and Dream.* London: Allen and Unwin, 1921.

——— (1908), The Relation of the Poet to Day-Dreaming. *Collected Papers,* 4:173-183. London: Hogarth Press, 1948.

——— (1910a), The Antithetical Sense of Primal Words. *Collected Papers,* 4:184-191. London: Hogarth Press, 1948.

——— (1910b), *Leonardo da Vinci.* New York: Random House, 1947.

——— (1910-19), Papers on Technique. *Collected Papers,* 2:285-402. London: Hogarth Press, 1948.

——— (1911a), Psycho-analytic Notes upon an Autobiographical Account of a Case of Paranoia (Dementia Paranoides). *Collected Papers,* 3:387-470. London: Hogarth Press, 1948.

——— (1911b), Formulations Regarding the Two Principles in Mental Functioning. *Collected Papers,* 4:13-21. London: Hogarth Press, 1948.

——— (1912), A Note on the Unconscious in Psycho-analysis. *Collected Papers,* 4:22-29. London: Hogarth Press, 1948.

——— (1913a), The Occurrence in Dreams of Material from Fairy-Tales. *Collected Papers,* 4:236-243. London: Hogarth Press, 1948.

——— (1913b), The Theme of the Three Caskets. *Collected Papers,* 4:244-256. London: Hogarth Press, 1948.

——— (1913c), Totem and Taboo. *The Basic Writings of Sigmund Freud.* New York: Modern Library, 1938, pp. 805-930.

——— (1914a), The Moses of Michelangelo. *Collected Papers,* 4:257-287. London: Hogarth Press, 1948.

——— (1914b), On Narcissism: An Introduction. *Collected Papers,* 4:30-59. London: Hogarth Press, 1948.

——— (1915a), Instincts and Their Vicissitudes. *Collected Papers,* 4:60-83. London: Hogarth Press, 1948.

——— (1915b), Repression. *Collected Papers,* 4:84-97. London: Hogarth Press, 1948.

——— (1915c), The Unconscious. *Collected Papers,* 4:98-136. London: Hogarth Press, 1948.

——— (1916a), A Mythological Parallel to a Visual Obsession. *Collected Papers,* 4:345-346. London: Hogarth Press, 1948.

——— (1916b), Metapsychological Supplement to the Theory of Dreams. *Collected Papers,* 4:137-151. London: Hogarth Press, 1948.

——— (1917a), Mourning and Melancholia. *Collected Papers,* 4:152-170. London: Hogarth Press, 1948.

——— (1917b), *A General Introduction to Psycho-Analysis.* New York: Perma Giants, 1949.

——— (1919), "A Child Is Being Beaten." *Collected Papers,* 2:172-201. London: Hogarth Press, 1948.

——— (1920), *Beyond the Pleasure Principle.* London: Hogarth Press, 1948.

——— (1921), *Group Psychology and the Analysis of the Ego.* London: Hogarth Press, 1948.

——— (1922), Medusa's Head. *Collected Papers,* 5:105-106. London: Hogarth Press, 1950.

——— (1923), *The Ego and the Id.* London: Hogarth Press, 1947.

——— (1924a), Neurosis and Psychosis. *Collected Papers*, 2:250-254. London: Hogarth Press, 1948.

——— (1924b), The Loss of Reality in Neurosis and Psychosis. *Collected Papers*, 2:277-282. London: Hogarth Press, 1948.

——— (1925a), Negation. *Collected Papers*, 5:181-185. London: Hogarth Press, 1950. Also in Rapaport, ed. (1951a), pp. 338-348.

——— (1925b), A Note upon the "Mystic Writing-Pad." *Collected Papers*, 5: 175-180. London: Hogarth Press, 1950. Also in Rapaport, ed. (1951a), pp. 329-337.

——— (1926), *The Problem of Anxiety*. New York: Psychoanalytic Quarterly and Norton, 1936.

(1927), *The Future of an Illusion*. New York: Liveright, 1949.

——— (1928a), Dostoevsky and Parricide. *Collected Papers*, 5:222-242. London: Hogarth Press, 1950.

——— (1928b), Humour. *Collected Papers*, 5:215-221. London: Hogarth Press, 1950.

——— (1928c), A Religious Experience. *Collected Papers*, 5:243-246. London: Hogarth Press, 1950.

——— (1930), *Civilization and Its Discontents*. London: Hogarth Press, 1946.

——— (1932a), *New Introductory Lectures on Psychoanalysis*. New York: Norton, 1933.

——— (1932b), Why War? In *Civilization, War, and Death*, ed. J. Rickman. London: Hogarth Press, 1939, pp. 82-97.

——— (1937), Analysis Terminable and Interminable. *Collected Papers*, 5:316-357. London: Hogarth Press, 1950.

——— (1938), *An Outline of Psychoanalysis*. New York: Norton, 1949.

——— (1939), *Moses and Monotheism*. London: Hogarth Press, 1939.

Fromm-Reichmann, F. (1939), Transference Problems in Schizophrenics. *Psychoanal. Quart.*, 8:412-426.

——— (1948), Notes on the Development of Treatment of Schizophrenics by Psychoanalytic Psychotherapy. *Psychiatry*, 11:263-273.

Gardner, R. W. (1953), Cognitive Styles in Categorizing Behavior. *J. Pers.*, 22: 214-233.

Gill, M. M. (1954), Psychoanalysis and Exploratory Psychotherapy. *J. Amer. Psychoanal. Assn.*, 2:771-797.

——— (1959), The Present State of Psychoanalytic Theory. *J. Abn. Soc. Psychol.*, 58:1-8.

——— & Brenman, M. (1946), Problems in Clinical Research; Round Table, 1946. *Amer. J. Orthopsychiat.*, 17:196-230, 1947.

——— & ——— (1959), *Hypnosis and Related States: Psychoanalytic Studies in Regression*. New York: International Universities Press.

Glover, E. (1928), *The Technique of Psycho-Analysis*, rev. ed. New York: International Universities Press, 1955.

——— (1947), *Basic Mental Concepts*. London: Imago.

Goldmann, A. E. (1953), Studies in Vicariousness: Degree of Motor Activity and the Autokinetic Phenomenon. *Amer. J. Psychol.*, 66:613-617.

Gross, A. (1951), The Secret. *Bull. Menninger Clin.*, 15:37-44.

——— (1949), Freud's Creative Period. Unpublished manuscript.

Halverson, H. M. (1938), Infant Sucking and Tensional Behavior. *J. Genet. Psychol.*, 53:365-430.

——— (1940), Genital and Sphincter Behavior of the Male Infant. *J. Genet. Psychol.*, 56:95-136.

Hartmann, H. (1939a), *Ego Psychology and the Problem of Adaptation*. New York: International Universities Press, 1958. Also (abridged) in Rapaport, ed. (1951a), pp. 362-396.

——— (1939b), Psycho-analysis and the Concept of Health. *Int. J. Psychoanal.,* 20:308-321.
——— (1947), On Rational and Irrational Action. In *Psychoanalysis and the Social Sciences,* 1:359-392. New York: International Universities Press.
——— (1948), Comments on the Psychoanalytic Theory of Instinctual Drives. *Psychoanal. Quart.,* 17:368-388.
——— (1950), Comments on the Psychoanalytic Theory of the Ego. *The Psychoanalytic Study of the Child,* 5:74-96. New York: International Universities Press.
——— (1952), The Mutual Influences in the Development of the Ego and Id. *The Psychoanalytic Study of the Child,* 7:9-30. New York: International Universities Press.
——— (1953), Contribution to the Metapsychology of Schizophrenia. *The Psychoanalytic Study of the Child,* 8:177-198. New York: International Universities Press.
——— (1955), Notes on the Theory of Sublimation. *The Psychoanalytic Study of the Child,* 10:9-29. New York: International Universities Press.
——— (1956), The Development of the Ego Concept in Freud's Work. *Int. J. Psychoanal.,* 37:425-438.
——— & Kris, E. (1945), The Genetic Approach in Psychoanalysis. *The Psychoanalytic Study of the Child,* 1:11-29. New York: International Universities Press.
——— & ——— & Loewenstein, R. M. (1946), Comments on the Formation of Psychic Structure. *The Psychoanalytic Study of the Child,* 2:11-38. New York: International Universities Press.
——— & ——— & ——— (1949), Notes on the Theory of Aggression. *The Psychoanalytic Study of the Child,* 3/4:9-36. New York: International Universities Press.
Hebb, D. O. (1949), *The Organization of Behavior: A Neuropsychological Theory.* New York: Wiley.
Heron, W. (1957), The Pathology of Boredom. *Sci. Amer.,* 196:52-56.
——— & Bexton, W. H., Hebb, D. O. (1953), Cognitive Effects of a Decreased Variation in the Sensory Environment. *Amer. Psychol.,* 8:366.
——— & Doane, B. K., Scott, T. H. (1956), Visual Disturbances After Prolonged Perceptual Isolation. *Canad. J. Psychol.,* 10:13-18.
Hilgard, E. R. (1952), Experimental Approaches to Psychoanalysis. In *Psychoanalysis As Science,* ed. E. Pumpian-Mindlin. Stanford, Cal.: Stanford University Press, pp. 3-45.
Holt, E. B. (1915), *The Freudian Wish and Its Place in Ethics.* New York: Holt.
——— (1931), *Animal Drive and the Learning Process.* New York: Holt.
Holt, R. R. (1954), Implications of Some Contemporary Personality Theories for Rorschach Rationale. In *Developments in the Rorschach Technique,* 1:501-560, ed. B. Klopfer, M. Ainsworth, W. Klopfer, & R. R. Holt. Yonkers, N.Y.: World Book Co.
——— (1955), Freud and the Scientific Method of Psychoanalysis. Unpublished manuscript.
——— (1956), Gauging Primary and Secondary Processes in Rorschach Responses. *J. Proj. Tech.,* 20:14-25.
Holzman, P. S. (1954), The Relation of Assimilation Tendencies in Visual, Auditory, and Kinesthetic Time-Error to Cognitive Attitudes of Leveling and Sharpening. *J. Pers.,* 22:375-394.
——— & Klein, G. S. (1954), Cognitive System-Principles of Leveling and Sharpening: Individual Differences in Assimilation Effects in Visual Time-Error. *J. Psychol.,* 37:105-122.
Horney, K. (1937), *The Neurotic Personality of Our Time.* New York: Norton.
——— (1939), *New Ways in Psychoanalysis.* New York: Norton.

Hull, C. L. (1934-37), Psychological Seminar Memoranda. Unpublished manuscript, on deposit at Yale University Library.

Humphrey, G. (1920), The Conditioned Reflex and the Freudian Wish. *J. Abn. Soc. Psychol.*, 14:388-392.

——— (1921), Education and Freudianism. *J. Abn. Soc. Psychol.*, 15:350-402.

Hunt, J. McV. (1941), The Effects of Infant Feeding-Frustration upon Adult Hoarding in the Albino Rat. *J. Abn. Soc. Psychol.*, 36:338-360.

——— & Schlosberg, H., Solomon, R. L., Stellar, E. (1947), Studies of the Effect of Infantile Experience on Adult Behavior in Rats. I. Effects of Infantile Feeding Frustration on Adult Hoarding. *J. Comp. Physiol. & Psychol.*, 40:291-304.

Hunter, W. S. (1913), The Delayed Reaction in Animals and Children. *Behav. Monogr.*, 2 (6).

Huston, P. E., Shakow, D., & Erickson, M. H. (1934), A Study of Hypnotically Induced Complexes by Means of the Luria Technique. *J. Gen. Psychol.*, 11:65-97.

Jacobson, E. (1949), Observations on the Psychological Effects of Imprisonment on Female Political Prisoners. In *Searchlights on Delinqency*, ed. K. R. Eissler. New York: International Universities Press, pp. 341-368.

——— (1953a), Contribution to the Metapsychology of Cyclothymic Depression. In *Affective Disorders*, ed. P. Greenacre. New York: International Universities Press, pp. 49-83.

——— (1953b), The Affects and Their Pleasure-Unpleasure Qualities, in Relation to Psychic Discharge Processes. In *Drives, Affects, Behavior*, ed. R. M. Loewenstein. New York: International Universities Press, pp. 38-66.

——— (1954), The Self and the Object World. *The Psychoanalytic Study of the Child*, 9:75-127. New York: International Universities Press.

Jones, E. (1953), *The Life and Work of Sigmund Freud.* Vol. 1: The Formative Years and the Great Discoveries, 1856-1900. New York: Basic Books.

——— (1955), *The Life and Work of Sigmund Freud.* Vol. 2: Years of Maturity. New York: Basic Books.

Kardiner, A. (1939), *The Individual and His Society: The Psychodynamics of Primitive Social Organization.* New York: Columbia University Press.

——— (1945), *The Psychological Frontiers of Society.* New York: Columbia University Press.

Kempf, E. J. (1921), *The Autonomic Functions and the Personality.* New York: Nervous and Mental Disease Publications.

Klein, G. S. (1954), Need and Regulation. In *Nebraska Symposium on Motivation*, ed. M. Jones. Lincoln, Neb.: University of Nebraska Press, pp. 224-274.

——— (1956), Perception, Motives, and Personality: A Clinical Perspective. In *Psychology of Personality: Six Modern Approaches*, ed. J. McCary. New York: Logos Press, pp. 123-199.

——— (1960), *Reality, Perception and Thought.* To be published by Basic Books.

——— & Schlesinger, H. J. (1951), Perceptual Attitudes Toward Instability. I. Prediction of Apparent Movement Experiences from Rorschach Responses. *J. Pers.*, 19:289-302.

——— & ——— & Meister, D. E. (1951), The Effects of Personal Values on Perception: An Experimental Critique. *Psychol. Rev.*, 58:96-112.

——— & Spence, D. P., Holt, R. R. Gourevitch, S. (1958), Cognition Without Awareness: I. Subliminal Influences upon Conscious Thought. *J. Abn. Soc. Psychol.*, 57:255-266.

Knight, R. P. (1953a), Borderline States. *Bull. Menninger Clin.*, 17:1-12. Also in Knight & Friedman, eds. (1954), pp. 97-109.

——— (1953b), Management and Psychotherapy of the Borderline Schizophrenic Patient. *Bull. Menninger Clin.*, 17:139-150. Also in Knight & Friedman, eds. (1954), pp. 110-122.

——— & Friedman, C. R., eds. (1954), *Psychoanalytic Psychiatry and Psychology, Clinical and Theoretical Papers.* Austen Riggs Center, Vol. 1. New York: International Universities Press.

Koffka, K. (1935), *Principles of Gestalt Psychology.* New York: Harcourt, Brace.

Köhler, W. (1917), *The Mentality of Apes.* New York: Harcourt, Brace, 1925.

Kris, E. (1950a), Notes on the Development and on Some Current Problems of Psychoanalytic Child Psychology. *The Psychoanalytic Study of the Child,* 5:24-46. New York: International Universities Press.

——— (1950b), On Preconscious Mental Processes. *Psychoanal. Quart.*, 19:540-560. Also in Rapaport, ed. (1951a), pp. 474-493; and Kris (1952), pp. 303-318.

——— (1952), *Psychoanalytic Explorations in Art.* New York: International Universities Press.

Krus, D., Werner, H., & Wapner, S. (1953), Studies in Vicariousness: Motor Activity and Perceived Movement. *Amer. J. Psychol.*, 66:603-608.

Kubie, L. S. (1946), Discussion in Problems in Clinical Research, Round Table, 1946. *Amer. J. Orthopsychiat.*, 17:196-230, 1947.

——— (1952), Problems and Techniques of Psychoanalytic Validation and Progress. In *Psychoanalysis As Science,* ed. E. Pumpian-Mindlin. Stanford, Cal.: Stanford University Press, pp. 46-124.

Leeper, R. W. (1948), A Motivational Theory of Emotion to Replace "Emotion as Disorganized Response." *Psychol. Rev.*, 55:5-21.

Levy, D. M. (1934), Experiments on the Sucking Reflex and Social Behavior of Dogs. *Amer. J. Orthopsychiat.*, 4:203-224.

——— (1938), On Instinct-Satiation: An Experiment on Pecking Behavior of Chickens. *J. Gen. Psychol.*, 18:327-348.

Lewin, B. D. (1950), *The Psychoanalysis of Elation.* New York: Norton.

Lewin, K. (1926a), Comments Concerning Psychological Forces and Energies, and the Structure of the Psyche. In Rapaport, ed. (1951a), pp. 76-94.

——— (1926b), Intention, Will, and Need. In Rapaport, ed. (1951a), pp. 95-153.

——— (1927), Gesetz und Experiment in der Psychologie. *Symposion,* 1:375-421.

——— (1935), *A Dynamic Theory of Personality.* New York: McGraw-Hill.

——— (1936), *Principles of Topological Psychology.* New York: McGraw-Hill.

——— (1937), Psychoanalysis and Topological Psychology. *Bull. Menninger Clin.*, 1:202-212.

——— (1938), The Conceptual Representation and Measurement of Psychological Forces. *Contr. Psychol. Theory,* 1(4). Durham, N.C.: Duke University Press.

Lilly, J. C. (1956a), Discussion in *Illustrative Strategies for Research on Psychopathology in Mental Health.* Group for the Advancement of Psychiatry, Symposium No. 2, June, pp. 13-20.

——— (1956b), Mental Effects of Reduction of Ordinary Levels of Physical Stimuli on Intact, Healthy Persons. *Psychiat. Res. Reports,* 5:1-9.

Lorand, S. (1946), *Technique of Psychoanalytic Therapy.* New York: International Universities Press.

Lorenz, K. (1935), Der Kumpan in der Umwelt des Vogels. Der Artgenosse als auslösendes Moment sozialer Verhaltungsweisen. *J. Ornith.*, 83:137-213.

MacCorquodale, K. & Meehl., P. E. (1951), Operational Validity of Intervening

Constructs. In *Psychological Theory*, ed. M. Marx. New York: Macmillan, pp. 103-111.

Maier, N. R. F. (1949), *Frustration: The Study of Behavior Without a Goal*. New York: McGraw-Hill.

Masserman, J. H. (1943), *Behavior and Neurosis: An Experimental Psychoanalytic Approach to Psychobiologic Principles*. Chicago: University of Chicago Press.

McClelland, D. C. (1955), The Psychology of Mental Content Reconsidered. *Psychol. Rev.*, 62:297-302.

Meng, H. (1934), Das Problem der Organpsychose. *Int. Z. Psychoanal.*, 20:439-458.

Menkes, A. & Menkes, J. (1957), The Application of Dimensional Analysis to Learning Theory. *Psychol. Rev.*, 64:8-13.

Merlan, P. (1945), Brentano and Freud. *J. Hist. Ideas*, 6:375-377.

——— (1949), Brentano and Freud: A Sequel. *J. Hist. Ideas*, 10:451.

Miller, N. E. (1948a), Studies of Fear as an Acquirable Drive: I. Fear as Motivation and Fear-Reduction as Reinforcement in the Learning of New Responses. *J. Exp. Psychol.*, 38:89-101.

——— (1948b), Theory and Experiment Relating Psychoanalytic Displacement to Stimulus-Response Generalization. *J. Abn. Soc. Psychol.*, 43:155-178.

——— (1951), Comments on Theoretical Models, Illustrated by the Development of a Theory of Conflict Behavior. *J. Pers.*, 20:82-100.

——— & Dollard, J. (1941), *Social Learning and Imitation*. New Haven: Yale University Press.

Morgan, C. D. & Murray, H. A. (1935), A Method for Investigating Phantasies: The Thematic Apperception Test. *Arch. Neurol. Psychiat.*, 34:289-306.

Mowrer, O. H. (1950), *Learning Theory and Personality Dynamics*. New York: Ronald Press.

Munroe, R. L. (1955), *Schools of Psychoanalytic Thought*. New York: Dryden.

Murphy, G. (1947), *Personality: A Biosocial Approach to Origins and Structure*. New York: Harper.

Murray, H. A. (1933), The Effect of Fear Upon Estimates of the Maliciousness of Other Personalities. *J. Soc. Psychol.*, 4:310-329.

——— et al. (1938), *Explorations in Personality*. New York: Oxford University Press.

Nachmansohn, M. (1925), Concerning Experimentally Produced Dreams. In Rapaport, ed. (1951a), pp. 257-287.

Nunberg, H. (1931), The Synthetic Function of the Ego. In *Practice and Theory of Psychoanalysis*. New York: International Universities Press, 1955, pp. 120-136.

Page, J. & Warkentin, J. (1938), Masculinity and Paranoia. *J. Abn. Soc. Psychol.*, 33:527-531.

Paul, I. H. & Fisher, C. (1959), Subliminal Visual Stimulation: A Study of Its Influence on Subsequent Images and Dreams. *J. Nerv. Ment. Dis.*, 129:315-340.

Piaget, J. (1926a), *The Child's Conception of the World*. New York: Harcourt, Brace, 1929.

——— (1926b), *The Language and Thought of the Child*, 2nd ed. London: Routledge, 1932.

——— (1928), *Judgment and Reasoning in the Child*. New York: Harcourt, Brace.

——— (1930), *The Child's Conception of Physical Causality*. London: Routledge.

——— (1931), Children's Philosophies. In *A Handbook of Child Psychology*, ed. C. Murchison. Worcester, Mass.: Clark University Press, pp. 377-391.

——— (1936), *The Origins of Intelligence in Children.* New York: International Universities Press, 1952.

——— (1937), *The Construction of Reality in the Child.* New York: Basic Books, 1954.

——— (1945), *Play, Dreams and Imitation in Childhood.* New York: Norton, 1951.

——— (1947), *The Psychology of Intelligence.* New York: Harcourt, Brace, 1950.

——— (1950), *Introduction a l'Epistemologie Genetique,* 3 Vols. Paris: Presses Universitaires de France.

Pötzl, O. (1917), Experimentell erregte Traumbilder in ihren Beziehungen zum indirekten Sehen. *Z. Neurol. Psychiat.*, 37:278-349.

Rapaport, D. (1942a), *Emotions and Memory,* 2nd ed. New York: International Universities Press, 1950.

——— (1942b), Principles Underlying Projective Techniques. *Charact. & Pers.*, 10:213-219.

——— (1945), Scientific Methodology of Psychoanalysis. Six lectures given at the Topeka Institute of Psychoanalysis. Unpublished manuscript.

——— (1946), Principles Underlying Non-projective Tests of Personality. *Ann. N.Y. Acad. Sci.*, 46:643-652.

——— (1947), Dynamic Psychology and Kantian Epistemology. Paper presented at the staff seminar of the The Menninger Foundation School of Clinical Psychology. Unpublished manuscript.

——— (1949), Interpersonal Relations, Communication, and Psychodynamics. Paper presented at the Menninger Foundation General Seminar. Unpublished manuscript.

——— (1950a), Book Review: "Cybernetics" by Norbert Wiener. *Psychoanal. Quart.*, 19:598-603.

——— (1950b), On the Psycho-analytic Theory of Thinking. *Int. J. Psychoanal.*, 31:161-170. Also in Knight & Friedman, eds. (1954), pp. 259-273.

——— ed. (1951a), *Organization and Pathology of Thought.* New York: Columbia University Press.

——— (1951b), The Conceptual Model of Psychoanalysis. *J. Pers.*, 20:56-81. Also in Knight & Friedman, eds. (1954), pp. 221-247.

——— (1951c), The Autonomy of the Ego. *Bull. Menninger Clin.*, 15:113-123. Also in Knight & C. R. Friedman, eds. (1954), pp. 248-258.

——— (1951d), Paul Schilder's Contribution to the Theory of Thought-Processes. *Int. J. Psychoanal.*, 32:291-301. Also, Appendix in P. Schilder, *Medical Psychology*. New York: International Universities Press, 1953, pp. 340-356.

——— (1951e), Consciousness: A Psychopathological and Psychodynamic View. In *Problems of Conscious.* Transactions of the Second Conference, March 19-20. New York: Josiah Macy, Jr. Foundation, pp. 18-57.

——— (1952), Book Review: O. Hobart Mowrer, "Learning Theory and Personality Dynamics." *J. Abn. Soc. Psychol.*, 47:137-142.

——— (1953a), Book Review: J. Dollard and N. E. Miller, "Personality and Psychotherapy: An Analysis in Terms of Learning, Thinking, and Culutre." *Amer. J. Orthopsychiat.*, 23:204-208.

——— (1953b), Discussion in *Mass Communications Seminar: Proceedings of an Interdisciplinary Seminar,* ed. H. Powdermaker. New York: Wenner-Grenn Foundation, pp. 121-128.

——— (1953c), On the Psycho-analytic Theory of Affects. *Int. J. Psychoanal.*, 34:177-198. Also in Knight & Friedman, eds. (1954), pp. 274-310.

——— (1953d), Some Metapsychological Considerations Concerning Activity and Passivity. Two lectures given at the staff seminar of the Austen Riggs Center. Unpublished manuscript.

——— (1955), The Development and the Concepts of Psychoanalytic Ego Psychology. Twelve seminars given at the Western New England Institute for Psychoanalysis. Unpublished manuscript (mimeographed).

——— (1957a), Cognitive Structures. In *Contemporary Approaches to Cognition: A Symposium Held at the University of Colorado.* Cambridge, Mass.: Harvard University Press.

——— (1957b), Psychoanalysis and Developmental Psychology. In *Perspectives in Psychological Theory,* ed. B. Kaplan & S. Wapner. International Universities Press, 1960, pp. 210-256.

——— (1958a), A Historical Survey of Psychoanalytic Ego Psychology. *Bull. Philadelphia Assn. Psychoanal.,* 8:105-120. Also in "Identity and the Life Cycle." *Psychological Issues,* 1(1):5-17. New York: International Universities Press, 1959.

——— (1958b), The Theory of Ego Autonomy: A Generalization. *Bull. Menninger Clin.,* 22:13-35.

——— & Gill, M. M. (1959), The Points of View and Assumptions of Metapsychology. *Int. J. Psychoanal.,* 40:153-162.

——— & ——— & Schafer, R. (1945, 1946), *Diagnostic Psychological Testing,* 2 Vols. Chicago: Yearbook Publishers.

Redl, F. & Wineman, D. (1951), *Children Who Hate.* Glencoe, Ill.: Free Press. Reprinted in F. Redl & D. Wineman, *The Treatment of Childhood Aggression.* New York: Basic Books, 1957.

——— & ——— (1952), *Controls From Within.* Glencoe, Ill.: Free Press. Reprinted in F. Redl & D. Wineman, *The Treatment of Childhood Aggression.* New York: Basic Books, 1957.

Reich, W. (1933), *Charakteranalyse.* Vienna: Selbstverlag des Verfassers.

Reider, N. (1955), A Type of Psychotherapy Based on Psychoanalytic Principles. *Bull. Menninger Clin.,* 19:111-128.

Reik, T. (1940), *From Thirty Years with Freud.* New York: International Universities Press.

Rich, J. L. (1948), Goals and Trends of Research in Geology and Geography. *Science,* 107:581-584.

Roffenstein, G. (1924), Experiments on Symbolization in Dreams. In Rapaport, ed. (1951a), pp. 249-256.

Róheim, G. (1943), *The Origin and Function of Culture.* New York: Nervous and Mental Disease Monograph.

——— ed. (1947-55), *Psychoanalysis and the Social Sciences,* Vols. 1-4. New York: International Universities Press.

——— (1950), *Psychoanalysis and Anthropology.* New York: International Universities Press.

Rorschach, H. (1942), *Psychodiagnostics: A Diagnostic Test Based on Perception.* New York: Grune & Stratton.

Rosenzweig, S. (1937), The Experimental Study of Psychoanalytic Concepts. *Charact. & Pers.,* 6:61-71.

——— (1938), The Experimental Study of Repression. In *Explorations in Personality,* H. A. Murray et al. New York: Oxford University Press, pp. 472-490.

Sanford, R. N. (1936), The Effects of Abstinence from Food upon Imaginal Processes: A Preliminary Experiment. *J. Psychol.,* 2:129-136.

——— (1937), The Effects of Abstinence from Food upon Imaginal Processes: A Further Experiment. *J. Psychol.,* 3:145-159.

Schafer, R. (1954), *Psychoanalytic Interpretation in Rorschach Testing: Theory and Application.* New York: Grune & Stratton.

Schilder, P. (1920), On the Development of Thoughts. In Rapaport, ed. (1951a), pp. 497-518.

——— (1924), *Medical Psychology*. New York: International Universities Press, 1953.
——— (1930), Studies Concerning the Psychology and Symptomatology of General Paresis. In Rapaport, ed. (1951a), pp. 519-580.
——— (1942), *Mind: Perception and Thought in Their Constructive Aspects*. New York: Columbia University Press.
Schiller, C. H., ed. & tr. (1957), *Instinctive Behavior: The Development of a Modern Concept*. New York: International Universities Press.
Schlesinger, H. J. (1954), Cognitive Attitudes in Relation to Susceptibility to Interference. *J. Pers.*, 22:354-374.
Schroedinger, E. (1943), *What Is Life?* New York: Macmillan, 1945.
Schrötter, K. (1911), Experimental Dreams. In Rapaport, ed. (1951a), pp. 234-248.
Sears, R. R. (1936), Functional Abnormalities of Memory with Special Reference to Amnesia. *Psychol. Bull.*, 33:229-274.
——— (1943), *Survey of Objective Studies of Psychoanalytic Concepts*. New York: Social Science Research Council, Bulletin No. 51.
Shakow, D. & Rapaport, D. (1960), The Influence of Freud on Psychology. To be published in *Psychological Issues*. New York: International Universities Press.
Silberer, H. (1909), Report on a Method of Eliciting and Observing Certain Symbolic Hallucination-Phenomena. In Rapaport, ed. (1951a), pp. 195-207.
Simpson, G. G. (1939), *Quantitative Zoology: Numerical Concepts in the Study of Recent and Fossil Animals*. New York: McGraw-Hill.
——— (1949), *Tempo and Mode in Evolution*. New York: Columbia University Press.
Sullivan, H. S. (1940), *Conceptions of Modern Psychiatry*. Washington, D.C.: William Alanson White Psychiatric Foundation, 1947.
——— (1946-47), *The Interpersonal Theory of Psychiatry*. New York: Norton, 1953.
Tinbergen, H. (1951), *The Study of Instinct*. Oxford: Clarendon Press.
Tolman, E. C. (1951), The Intervening Variable. In *Psychological Theory*, ed. M. Marx. New York: Macmillan, pp. 87-102.
Travell, J. & Bigelow, N. H. (1947), Role of Somatic Trigger Areas in the Patterns of Hysteria. *Psychosom. Med.*, 9:353-363.
Troland, L. T. (1928), *The Fundamentals of Human Motivation*. Princeton, N.J.: Van Nostrand.
Varendonck, J. (1921), *The Psychology of Daydreams*. New York: Macmillan. Also (abridged) in Rapaport, ed. (1951a), pp. 451-473.
von Bertalanffy, L. (1950), The Theory of Open Systems in Physics and Biology. *Science*, 111:23-30.
Waelder, R. (1936), The Principle of Multiple Function: Observations on Overdetermination. *Psychoanal. Quart.*, 5:45-62.
Weiss, E. & English, O. S. (1943), *Psychosomatic Medicine: The Clinical Application of Psychopathology to General Medical Problems*. Philadelphia: Saunders.
Werner, H. (1926), *Comparative Psychology of Mental Development*, 3rd ed. New York: International Universities Press, 1957.
——— & Wapner, S. (1952), Toward a General Theory of Perception. *Psychol. Rev.*, 59:324-338.
Wexler, M. (1951a), The Structural Problem in Schizophrenia: Therapeutic Implications. *Int. J. Psychoanal.*, 32:157-166.
——— (1951b), The Structural Problem in Schizophrenia: The Role of the Internal Object. *Bull. Menninger Clin.*, 15:221-234.
Wiener, N. (1948), *Cybernetics*. New York: Wiley.

Wittels, F. (1924), *Sigmund Freud: His Personality, His Teaching, and His School*. New York: Dodd, Mead.

Wolff, P. H. (1960), The Developmental Psychologies of Jean Piaget and Psychoanalysis. *Psychological Issues*, 2(1). New York: International Universities Press.

Woodworth, R. S. (1925). *Dynamic Psychology*. New York: Columbia University Press.

Zetzel, E. (1953), The Depressive Position. In *Affective Disorders*, ed. P. Greenacre. New York: International Universities Press, pp. 84-116.

COLEÇÃO ESTUDOS

1. *Introdução à Cibernética*, W. Ross Ashby.
2. *Mimesis*, Erich Auerbach.
3. *A Criação Científica*, Abraham Moles.
4. *Homo ludens*, Johan Huizinga.
5. *A Lingüística Estrutural*, Giulio Lepschy.
6. *A Estrutura Ausente*, Umberto Eco.
7. *Comportamento*, Donald Broadbent.
8. *Nordeste 1817*, Carlos Guilherme Mota.
9. *Cristãos-Novos na Bahia*, Anita Novinsky.
10. *A Inteligência Humana*, H. J. Butcher.
11. *João Caetano*, Décio de Almeida Prado.
12. *As Grandes Correntes da Mística Judaica*, Gershom G. Scholem.
13. *Vida e Valores do Povo Judeu*, Cecil Roth e outros.
14. *A Lógica da Criação Literária*, Käte Hamburger.
15. *Sociodinâmica da Cultura*, Abraham Moles.
16. *Gramatologia*, Jacques Derrida.
17. *Estampagem e Aprendizagem Inicial*, W. Sluckin.
18. *Estudos Afro-Brasileiros*, Roger Bastide.
19. *Morfologia do Macunaíma*, Haroldo de Campos.
20. *A Economia das Trocas Simbólicas*, Pierre Bourdieu.
21. *A Realidade Figurativa*, Pierre Francastel.
22. *Humberto Mauro, Cataguases, Cinearte*, Paulo Emílio Salles Gomes.
23. *História e Historiografia*, Salo W. Baron.
24. *Fernando Pessoa ou o Poetodrama*, José Augusto Seabra.
25. *As Formas do Conteúdo*, Umberto Eco.
26. *Filosofia da Nova Música*, Theodor W. Adorno.
27. *Por uma Arquitetura*, Le Corbusier.
28. *Percepção e Experiência*, M. D. Vernon.
29. *Filosofia do Estilo*, G. G. Granger.
30. *A Tradição do Novo*, Harold Rosenberg.
31. *Introdução à Gramática Gerativa*, Nicolas Ruwet.
32. *Sociologia da Cultura*, Karl Mannheim.
33. *Tarsila – Sua Obra e seu Tempo* (2 v.), Aracy Amaral.
34. *O Mito Ariano*, Léon Poliakov.
35. *Lógica do Sentido*, Gilles Deleuze.
36. *Mestres do Teatro I*, John Gassner.
37. *O Regionalismo Gaúcho*, Joseph L. Love.
38. *Sociedade, Mudança e Política*, Hélio Jaguaribe.
39. *Desenvolvimento Político*, Hélio Jaguaribe.
40. *Crises e Alternativas da América Latina*, Hélio Jaguaribe.

41. *De Geração a Geração*, S. N. Eisenstadt.
42. *Política Econômica e Desenvolvimento do Brasil*, N. H. Leff.
43. *Prolegômenos a uma Teoria da Linguagem*. Louis Hjelmslev.
44. *Sentimento e Forma*, Susanne K. Langer.
45. *A Política e o Conhecimento Sociológico*, F. G. Castles.
46. *Semiótica*, Charles S. Peirce.
47. *Ensaios de Sociologia*, Marcel Mauss.
48. *Mestres do Teatro II*, John Gassner.
49. *Uma Poética para Antonio Machado*, Ricardo Gullón.
50. *Burocracia e Sociedade no Brasil Colonial*, Stuart B. Schwartz.
51. *A Visão Existenciadora*, Evaldo Coutinho.
52. *A América Latina em sua Literatura*, UNESCO.
53. *Os Nuer*, E. E. Evans-Pritchard.
54. *Introdução à Textologia*, Roger Laufer.
55. *O Lugar de todos os Lugares*, Evaldo Coutinho.
56. *Sociedade Israelense*, S. N. Eisenstadt.
57. *Das Arcadas ao Bacharelismo*, Alberto Venancio Filho.
58. *Artaud e o Teatro*, Alain Virmaux.
59. *O Espaço da Arquitetura*, Evaldo Coutinho.
60. *Antropologia Aplicada*, Roger Bastide.
61. *História da Loucura*, Michel Foucault.
62. *Improvisação para o Teatro*, Viola Spolin.
63. *De Cristo aos Judeus da Corte*, Léon Poliakov.
64. *De Maomé aos Marranos*, Léon Poliakov.
65. *De Voltaire a Wagner*, Léon Poliakov.
66. *A Europa Suicida*, Léon Poliakov.
67. *O Urbanismo*, Françoise Choay.
68. *Pedagogia Institucional*, A. Vasquez e F. Oury.
69. *Pessoa e Personagem*, Michel Zeraffa.
70. *O Convívio Alegórico*, Evaldo Coutinho.
71. *O Convênio do Café*, Celso Lafer.
72. *A Linguagem*, E. Sapir.
73. *Tratado Geral de Semiótica*, Umberto Eco.
74. *Ser e Estar em Nós*, Evaldo Coutinho.
75. *A Estrutura da Teoria Psicanalítica*, David Rapaport.
76. *Jogo, Teatro & Pensamento*, Richard Courtney.
77. *Teoria Crítica*, Max Horkheimer.
78. *A Subordinação ao Nosso Existir*, Evaldo Coutinho.
79. *A Estratégia dos Signos*, Lucrécia D'Aléssio Ferrara.
80. *Teatro: Leste & Oeste*, Leonard C. Pronko.
81. *Freud: A Trama dos Conceitos*, Renato Mezan.

Impresso nas oficinas
SANTOS MARCONDES GRÁFICA EDITORA LTDA.
Rua Espirito Santo, 268 — Tel. 279-1859
Armazem 8 - Aclimação - São Paulo